Emil Frey

Briefe des alt Cordonnier Sebastian Gäuggeli

Emil Frey

Briefe des alt Cordonnier Sebastian Gäuggeli

ISBN/EAN: 9783743497634

Hergestellt in Europa, USA, Kanada, Australien, Japan

Cover: Foto ©ninafisch / pixelio.de

Weitere Bücher finden Sie auf **www.hansebooks.com**

Emil Frey

Briefe des alt Cordonnier Sebastian Gäuggeli.

Mit einem Anhang von Aprilscherzen
herausgegeben von Adolf Frey.

Dritte Ausgabe.

Aarau,
Druck und Verlag von H. R. Sauerländer & Co.,
1898.

Emil Frey, der am 10. Februar 1895 als Direktor der Schweizerischen Lebensversicherungs- und Rentenanstalt in Zürich starb, hat die Figur des Sebastian Gäuggeli geschaffen. Jahrelang trug er sich mit dem Vorhaben, die an die Redaktion der „Neuen Zürcher Zeitung" gerichteten Briefe des alt Cordonnier um ein Büschel neuer zu vermehren und dann eine Sammlung aller zu veranstalten. Aber die stetig gesteigerte Arbeitslast ließ ihn nicht zur Bewerkstelligung dieser Absicht kommen. Es war vierzehn Tage vor seiner letzten Erkrankung, als ihn mein Zureden und die Erwägung, eine wie mißliche Sache es sei, Muße und Stimmung zu erhoffen, zu dem Entschlusse brachten, vorläufig keine weitere Eingebung abzuwarten, sondern das Vorhandene zusammenzustellen und dem Drucker einzuhändigen.

Dabei gedachte er, die Maske, die er bisher getragen, eher fester zu binden, als zu lüften, indem er nur als Herausgeber, nicht als Verfasser der Briefe erscheinen wollte. Statt eines Vorwortes sollte ein letzter, kurzer Brief des Sebastian Gäuggeli die kleine Gabe ungefähr folgendermaßen einleiten: „Immer noch gibt es in Zürich und derenden Leute, welche meinen, ich sei es nicht, sondern ein Anderer, welches nicht recht ist. Habe über siebzig Jahre in der Stadt gelebt und meine Steuern bezahlt, war auch immer recht auf der Profession. Nun aber wohl merkend, wie es mit mir steht und nicht mehr lange dauert, so übermache ich dem Herrn Emil Frey, welchen ich von der Redaktion her kenne und gut ist auf der Feder, meine Briefe, daß er sie in einem Büchlein druckt, welches mein letzter Wunsch ist."

Um diese Eulenspiegelei noch zu stützen, sollte das Bild des angeblichen Verfassers der Sammlung vorgedruckt werden, d. h. der Kopf irgend eines alten Handwerkers, und darunter sollte in ungeschickten, zitterigen Buchstaben der Namenszug stehen: Sebastian Gäuggeli, alt Cordonnier. Als eine Art Anhang waren die Aprilscherze und einige andere heitere Kleinigkeiten bestimmt, die, wie die Gäuggelibriefe, zuerst in der „Neuen Zürcher Zeitung" erschienen. Auch hier handelte es sich angeblich um einen letztwilligen Auftrag des eigentlichen Urhebers, des in Amerika verschollenen Ingenieurs S. Ch. Windler.

Wenn Emil Frey zwischen der strengen Arbeit aufatmete, so erfrischte und labte es ihn, solche Schelmereien auszuhecken oder ersonnene auszufeilen und zu polieren. Denn er pflegte an diesen Dingen andächtig und liebevoll zu bilden, um ihnen, so weit es die Gattung erlaubte, den Stempel von Kunstwerken aufzudrücken. Wurde er dann gewahr, wie männiglich sich daran ergötzte, wie Jung und Alt, Ungelehrt und Hochgelehrt auf den Leim ging, dann rieb er sich vergnügt die Hände; das war, neben der Freude am eigenen lustigen Einfall und neben der Lust an der harmlosen Heiterkeit, sein Schriftstellerlohn. Denn der literarische Ehrgeiz quälte ihn nicht, und er empfand keinen Wunsch, mit seinem Namen hervorzutreten, so häufig auch danach gefragt wurde. Vielmehr war es für ihn ein Hauptspaß, die Neugierigen im Labyrinth der Anonymität ein wenig irr zu führen. Eines Tages langte ein Brief auf der Redaktion der „Neuen Zürcher Zeitung" an. Darin hieß es, es hätten ihrer zwei, wovon der Schreiber einer sei, eine Wette eingegangen, deren Ertrag übrigens für einen wohlthätigen Zweck bestimmt sei: der Streit drehe sich darum, ob Sebastian Gäuggeli eine wirkliche Person sei oder, wie er, der Schreiber des Briefes, behaupte, nur eine Erfindung, ausgesonnen von einem der Redaktoren des Blattes. Emil Frey, der damals noch zu dem Stab der „Neuen Zürcher Zeitung" gehörte, verfügte sich behaglich auf seinen Schreibstuhl und entwarf einen Brief, worin sich der alt Cordonnier bitter darüber beklagte, daß man ihn als bloße Fiktion betrachte. Dann ließ er diesen Brief durch den Vater eines Setzers, der wirklich Schuster war, abschreiben und an die Adresse des Absenders abgehen, so daß also derjenige, der mit seiner Ansicht das Richtige getroffen hatte, die Wette verlor.

Später bereute er den Schabernack ein bischen und erklärte, er thäte es nicht mehr, wär' es nicht schon geschehen. So feinfühlig war er, obgleich er die Lustigkeit bis zum Übermut liebte.

Sicherlich hat der damals in der Wette Benachteiligte selber aufrichtig gelacht, als er hinter den wahren Sachverhalt kam; und sieht er diese Zeilen, so stellt er mir wohl den Brief zu Handen, damit ich ihn anläßlich einer neuen Auflage den übrigen anreihen kann.

Aarau, April 1896.

Adolf Frey.

Briefe des Sebastian Gäuggeli.

(7. April 1885.)

Tit. Redaktion der Neuen Zürcher-Zeitung!

Bei einem neulich von mir selbst vorgenommenen Ausflug auf die Lägern hat mich der Zustand der daselbstigen Hochwacht mit tiefer Empörung erfüllt, was Sie zu allgemeiner Kenntnis bringen sollten. Die Mauern stehen zwar noch und vorläufig will erst eine derselben zusammenfallen. Dagegen ist keine Leiter mehr vorhanden, womit es unmöglich ist auf die Plattform hinauf zu gelangen, die übrigens nur noch aus drei verwetterten Brettern besteht. Die Rundsicht von der Höhe des Thürmleins wäre sehr schön, wenn man hinauf kommen könnte, wofür ich aus früherer Erinnerung Garant stehen kann.

Unsere kantonale Baudirection glaubt gewiß, es rentire sich jetzt noch nicht, die Hochwacht wieder in Stand zu stellen; sie will wahrscheinlich einige Jahre warten, bis der Unterbau verruinirt ist wie eine alte Ritterburg. Ich aber als steuerzahlender Bürger sage: Nein; jetzt kann man noch billiger restauriren, das Thürmlein und die Kegelbahn. Weil das Thürmlein nicht restaurirt ist, bekommt man auf der

Lägern nichts mehr zu trinken, und wenn man nichts
zu trinken bekommt, nützt auch die Kegelbahn nichts.
Nebst Gruß
Sebastian Gäuggeli.

(12. April 1885.)

Tit. Redaktion der Neuen Zürcher-Zeitung!

Von neuerdingsiger Entrüstung erfüllt greife
ich zur Feder, wozu Sie mir behülflich sein sollten,
ansonst in Sachen nicht aufzukommen wäre. Ich
sage: mehr Licht muß am neuen Quai sein zwischen
dem Bahnhof Enge und der Quaibrücke, und wenn's
nur zwei oder drei Petroleumlampen wären, wodurch
die Verumständungen der Quaiunternehmung noch
nicht zu sehr beleuchtet würden. An der Straße,
welche nach Enge hinübergeht, machen sie einen
neuen Schlammsumpf, aus dem später Festland wer=
den soll. Wer nun in der Nacht vom Bahnhof
Enge herkommt und meint, er wolle gerade auf die
Lichter der Quaibrücke zugehen, geräth just in diesen
elenden Brei, wodurch ein Menschenleben in trau=
riger und unbeachteter Weise aus dem Dasein abbe=
rufen würde. Wenn ein also Gestorbener nach vielen
hundert Jahren aus dem Kreideboden als ein ver=
steinertes Geripplein hervorgehackt würde, so hätten
die Gelehrten freilich eine große Freude, weil sie nie
daran denken, durch welch ruchlose Hand oder durch

welches Unglück Menschen umgekommen sein müssen, deren Knochen unter solchen Umständen später zu Tage treten.

Allerdings hat die Tit. Quaidirektion eine Warnungstafel aufgestellt, die ziemlich groß ist; bei Nacht kann man aber nicht lesen, was geschrieben steht. Darum müssen Laternen her.

Nebst Hochachtung und Gruß
     S. G., alt Cordonnier.

(23. April 1885.)

Ihren ziemlich passabeln Bericht über das Sechseläuten gelesen habend, glaube ich, daß sich noch Verschiedenes sagen ließe, worüber sich Ihr Blatt aussprechen sollte, da man nichts mit Stillschweigen übergehen darf, wenn der Tadel aus ruhigem Gewissen hervorgeht, welches nicht immer der Fall ist, aber bei mir. Von gedankenloser Hand sind am Sechseläuten auf der Bahnhofstraße wieder viel Kinder von zwei bis drei Jahren, also hülflose Gröggel, herumgeschleppt worden, was wiederholtes Kindergeschrei zur Folge hat, das begreiflich ist, aber doch Aerger erweckt und Unlust. Solch ein Kind sieht nichts, wenn man es nicht auf den Arm nimmt oder als Vordermann die Beine auseinander stellt, so daß es von hinten durchsehen kann, was just nicht bequem ist, aber aus Gutmüthigkeit von mir geschieht.

Begreifen kann aber ein solches Kind nichts, weil seine Gottesgaben noch zu klein sind. Alle Kindermägde, die ihre Wägelein ins Gewühl stoßen, fahren auf dem Gipfel der Thorheit herum, denn es könnte krumm gehen.

Mit dem Bögg im Kratz war's auch letz. Es ist nicht gut, daß derselbe nach wenig Minuten in die Luft dinamytirt wurde, weil ein langsames Verbrennen mehr Freude und Eifer erweckt bei der Jugend und auch bei ältern Zünftern, als das neumodige Kaputmachen, wobei alles blitzschnell vorüber ist. Den andern Bögg bei der Tonhalle hat Ihr Zeitungsberichter vergessen, es war übler Weise ein Jud, den man verbrannte, was Sie vielleicht so empörte, daß Sie absichtlich nichts darüber gesagt haben. Oder haben Sie's gar nicht gesehen?

Mit den Sechseläuteblättern ist's nicht viel. Ich kaufe dieselben seit vier Jahren erst am Abend des Sechseläutens, weil man sie dann für einen Fünfer oder Zehner bekommt. Nächstes Jahr setze ich, wenn's nicht besser wird, auch einige Sätze hinein; früher war ich für so etwas nicht stark genug auf der Feder, seit mich aber vom Beruf zurückgezogen, geht es mit der Bildung besser.

Wollte Ihnen schon gestern schreiben; es war mir aber dann doch nicht drum.

Nebst vielen Grüßen

S. G., alt Cordonnier.

(13. Mai 1885.)

Tit. Verantwortliche Redaktion der N. Z.-Ztg.

Der „Landbote" sollte wegen der Abschaffung unseres Dilekts mehr angerauzt werden als durch den Herrn mit dem fremden Buchstaben in Nr. 132 der „Neuen Zürcher-Zeitung", dem auch der rechte Fleck für das Herz fehlt, sonst würde er schärfer schreiben. Es ist himmeltraurig, daß unter den jungen Herren auf der Straße viele großhansen und reden, als wären sie ein Engländer, ein Preuß oder doch mindestens ein Schwab. Wollen die Zeitungen solchen Thoren den Schnabel noch mehr verdrehen, daß sie am Ende gar nicht mehr Zürichdeutsch verstehen, welches auch noch geschehen könnte, wenn nicht ältere Leute dieser Sache einmal entgegenwerfen. Schweizerdeutsch ist doch fast die vernünftigste Sprache, was ich wohl sagen kann, indem von Anno 1836 bis 1844 auswärts war und selbst in Warschau bei einem Polacken schaffte, so daß ich vielerlei Sprachen gehört habe.

Mit dem Heranlocken fremder junger Leute, die Deutsch lernen wollen, ist's nichts; denn gerade aus dem Welschen kommen manchmal die schlimmsten Schlingel, von denen sogar unsere noch Lumpereien lernen. Letzten Herbst sind mir wieder die schönsten Birnen aus dem Garten gestohlen worden und später werden am Ende auch noch die Spalierbäumchen weggefressen, wenns mit dieser neumodigen Wirthschaft weiter geht, wodurch uns schließlich die Preußen in den Sack stecken.

Solche Sachen machen mich heillos taub. Die Winterthurer sollen doch selbst zuerst probiren, ob die Vaterlandsverrätherei an unserer Sprache rentirt; aber die werden den Bleuler schon an den großen Ohren nehmen, wenn er ihnen so kommt. Wenn Sie mir das nicht aufnehmen, will ich nichts mehr mit Ihnen zu thun haben; welches erwartet und grüßt S. G., alt Cordonnier.

(29. Mai 1885.)
Tit. Redaktion der Zürcher-Ztg., in hier.

Worüber mich freue ist, daß in der Neuen Zürcher Zeitung (Nr. 147 auf der zweiten Seite zu hinterst) den Hünden einmal vaterländisch die Meinung gesagt wird. Ich hätte Ihnen darüber schon früher ge= schrieben, wenn gewußt hätte, daß Sie es aufnähmen und nicht etwa selbst einen haben. (Wir haben gottlob keinen. Die Redaktion.)

Fast an jeder Ecke schlingelt jetzt ein Hund herum, und wenn drei oder vier zusammenkommen, so führen sie sich erst recht schlecht und schenirlich auf, worüber man gar nichts sagen mag, weil noch Aergernis ent= stehen könnte, welches ich nicht haben möchte.

Es nimmt mich nur Wunder, wie viel Ueberröcke, Hosen, Röcke, Schürzen und Jupons in Zürich und den Ausgemeinden von den Hünden zerrissen werden. Wenn man eine Ausstellung davon machen wollte, könnte ich auch ein Paar Pantalons geben, die mir von einem Hund in Oberstraß letztes Jahr so verschrenzt worden sind, daß ein estimirter Berufsmann sie nicht mehr tragen kann, so daß sie gelegentlich dem Armenverein schenken muß.

Mit der Entschädigung ist's dann aber meist nichts, weil man oft nicht erfahren kann, wohin der Hund gehört, und wenn man's weiß, gibt's mitunter erst recht nichts als Schaden und Täube. So kann's jetzt partout nicht weiter gehen, sonst werden einem am Ende die Absätze von den Bottinen gebissen, weßhalb man nur noch in Schlurpen gehen dürfte aus Respekt vor dem Hundegesindel. Mit der Erhöhung der Steuer allein bin ich aber nicht zufrieden, sondern die Polizei sollte sorgen, daß der Schaden vergütet wird. Bei der Bezahlung der Hundesteuer müßte mir jeder Hundebesitzer noch extra einen Fünfliber hinterlegen und die Polizei oder die Gemeinderathskanzlei thäte dieses Geld aufbewahren. Wer an den Kleidern oder sonst von einem Hund beschädigt würde, könnte sich aus diesem Käßlein bezahlen lassen, und die Hundebesitzer müßten dann unter sich selbst abrechnen, da ein Mensch ohne Hund mit solchen Leuten nicht reden kann, weil jeder meint, seiner sei gutmüthig wie ein Lamm und reinlich wie das beste Katzenbüsi. Diese Hünde sind dann aber oft die bissigsten Säue, welches ich sehr wohl weiß, da gerade mir gegenüber ein solcher ist.

Wenn Sie glauben, man könnte es so einrichten und Sie hätten noch gern etwas darüber, so brauchen

Sie's mir nur zu sagen, da ich jetzt gut Zeit habe.
Mit freundlicher Hochachtung und Gruß.
S. G., alt Cordonnier.

(23. August 1885.)
Tit. geehrte Red. der N. Z.-Z., hier.

Die Reben stehen so schön, daß viele Leute fast verzappeln, bis das Säuserlen anfängt und jetzt schon blagiren, was für Räusche sie anno heuer trinken wollen, welches mir sehr zuwider ist, weshalb Sie jetzt etwas gegen das Saufen schreiben sollten. Wenn man's nämlich erst in der Sauserzeit thut, hilft Alles nichts mehr, weil diejenigen, welche man warnen muß, dann gar keine Zeitung lesen oder im Rausch das Blatt verkehrt in die Hand nehmen.

Als ich anno 1834 achtzehn Jahre alt war und nach einem Sausermahle auf allen Vieren die Stege hinaufkam, hat mir mein Vater selig den Brand mit einem großen Kübel Wasser gelöscht und mich fast ertränkt und zu einem soliden Menschen gemacht, welches ich ihm jetzt noch danke, obwohl es schon lange her ist. Im Jahre 1865 hätte man das auch machen können. Wer an einem Abend drei Liter Sauser trinkt, soll nur denken, wie viel Leute damals am Schlag gestorben sind, indem der Sauser zu viel Blut im Herz macht und die bösen Säfte in den Kopf treibt und sehr gefährlich ist. Auch sind nach dem Saufertrinken viel Leute in Bottinen und Stiefeln in's Bett gegangen; welches dem Schuhwerk gar nicht viel schadet, aber die Reinlichkeit im Bett verdirbt.

Wenn zu viel Saufer weggeht, wird der Wein zu teuer. Kostet in zwei Jahren der halbe Liter schon neunzig Rappen, so trinke ich keinen mehr, sondern verworge lieber vor Täube, welches ich jetzt schon sage und darum mit Maß und Ziel Saufer trinken will. Wer später noch realen Heurigen haben will, muß es auch so machen, welches am besten und vernünftigsten wäre.

Mit freundlicher Hochachtung
S. G., alt Cordonnier.

(10. Juni 1885.)

Tit. Verantwortliche Redaktion: G. Vogt, J. Börlin, Zürich.

Ueber das Tramwayfahren der Kaminfeger weiß man dato nicht, wie es ist, weßhalb die Direktionsherren ein Reglementlein oder sonst etwas Schriftliches herausgeben könnten. Mir thut es zwar nicht viel, wenn hinten auf dem Wagen ein Rußniggel steht; denn wenn er mich schwarz macht, sage ich ihm schon die Meinung, welches ich gut kann, wenn es sein muß. Aber wenn ein Jümpferlein kommt mit einem Sonnenschirmchen und gelben Glassé, so mag es nicht hinauf, wenn es auch sonst gern möchte, und dann gibt es Kaminfeger, die sich darüber meinen, als wären sie ein rechter Neger, durch welches sie allerdings mehr Lohn und Cigarren ergattern könnten, als wenn sie in den Kaminen herumkriechen und dazu unschön singen. Ich möchte aber auch nicht, daß man ihnen das Tramwayfahren ganz verbieten thäte. Denn es gibt junge Kaminfeger, die sich am Sonntag waschen und pützeln, daß man glauben könnte, es wären fast Herren, und auch am Werktag hat es darunter rechte Leute, wie den Jacques Schaufelberger, Kaminfeger selig, von dem Anno 1847 der Oberst Ziegler selig sagte, er sei einer der brävsten Soldaten, und der jetzt noch leben könnte, wenn ihm nicht immer Ruß in den Hals gekommen wäre, so daß er viel Wein trinken mußte, welches ihm dann die Wassersucht gemacht hat, was ich immer sagte.

Wenn aber ein Kaminfeger am Werktag auf dem Tramway fahren wollte, müßte er mir sein Leiterlein schnell an das Dach stellen, hinaufklettern und das Leiterlein nachziehen, und das Umgekehrte müßte er mir machen, wenn er an einer Haltstelle aussteigen will. Auf solche Weise thäte er Niemanden geniren und schwarz machen. Auch könnte man so das Dach benutzen, das jetzt nicht rentirt, wodurch die Fremden, die man jetzt mit Zeitungen und Büchlein nach Zü=

rich lockt, sehen wüßten, daß man hier dato auch noch neue Ideen hat und praktische Leute sind.
Mit freundlicher Hochachtung und Gruß
S. G., alt Cordonnier.
NB. Die Kaminfeger dürften nicht vom Dach herunterspeuzen.

(30. Juni 1885.)
Tit. Neue Zürcher-Zeitung!

Es nimmt mich Wunder, warum Sie über die Heilsarmee nicht mehr schreiben, welches doch sein sollte, da ich gar nicht weiß, was man darüber eigentlich sagen soll, weßhalb Sie darauf aufmerksam mache. Zu meiner Zeit wäre die Heilsarmee nicht nach Zürich gekommen, der Abraham Meyer hätte ihr den „Grünen Hof" nicht vermiethet, welcher übrigens damals noch nicht war und elend schlecht gebaut ist, und die Buben und Schlingel hätten nicht gepfiffen und den Heilsarmeelern keine Schwärmer und Frösche angeworfen, für welches dumme Zeug keine vernünftigen Eltern den Kindern Geld geben, sondern Prügel. Ich habe viel Lehrbuben gehabt von Anno 1844 an; aber damals war's anders und die Reputation viel besser. Mir hätte ein solcher Schlingel pfeifen und brüllen oder nicht grüßen sollen auf der Straße. Jetzt meint jeder, er müsse Cigarren rauchen auf der Gasse und eher will er daran verworgen, als aus dem Maul nehmen. Wenn er ein paar Fränklein verdient im Monat, so wird Alles verschletzt, Wein und Bier getrunken oder gar in's Floratheater gegangen, wo es auch nicht extra sein wird für junge Leute, welches ich mir so denken kann, obwohl noch nie dort gewesen bin, da ich auswärts schon vor 45 Jahren solches gesehen habe.

Jetzt kommt der Skandal in die fremden Zeitungen und gar in die Kalender, so daß man in der halben Christenheit weiß, wie es bei uns zugeht, da die Zeitungsschreiber und Kalendermacher die unliebsamsten Sachen am liebsten abdrucken und dazu noch lügen. Es ist mir ganz Sturm im Kopf vor Aerger wegen der Reputation. Wegen der Heilsarmee wäre es mir schon gleich, denn die hätte in England bleiben können. Daß die Weibervölker bei der Heilsarmee predigen, ist sehr schenirlich. Gedoktert haben sie schon lang, jetzt studiren sie am Ende noch Pfarrer und wenn eine einen Schnauz bekommt, welches ich auch schon gesehen habe, meint sie am Ende, man müßte sie zum eidgenössischen Oberst machen.

Mit schätzbarer Hochachtung
S. G., alt Cordonnier.

(27. August 1885.)

Cit. Verantwortliche Red. der 3.-3., Dahier.

Das Seefest wegen dem Zwingli ist famos gewesen und Sie haben es gelehrt und artig beschrieben, nur sollte über das Küssen nichts ins Blatt kommen, wenn es auch schon lange her, aber doch nicht für alle Leute bestimmt ist, welches Sie übrigens selbst wissen müssen.

Zuerst habe ich mich über das Geld geärgert, welches das Fest gekostet hat und jedenfalls heidenmäßig viel gewesen ist; jetzt reut es mich aber nicht mehr, denn den Fremden haben wir es wieder einmal gezeigt, daß sie so etwas nicht können und nirgends haben und wohl wissen müssen, warum sie immer nach Zürich kommen wollen und im Sommer fast den Bahnhof verstopfen, welcher doch gewiß groß ist. Wenn wir den See nicht hätten, wäre es manchmal sehr letz, obwohl viel Quai hineingefallen ist und er besser auf die Fischerei eingerichtet und abträglicher gemacht werden sollte, welches jeder vernünftige Bürger sieht und denkt, wenn er auf den Fischmarkt geht, wo man nicht einmal mehr genug Fische aus dem Zürichsee hat und gegen früher alles zu theuer bezahlt und dazu die Brachsmen manchmal elend miserabel sind.

Daß die Zwingli-Statü den Fuß über das Gestell hinausstreckt, gefällt mir nicht, da er keinen eleganten

Fuß hat und denselben darum unter seine Kutte zu=
rückziehen sollte. Wie man aber dazu noch einem
so theuren Bild so ordinäre Chaussüren machen konnte,
begreife ich gar nicht; es ist dieses ein ganz gewöhn=
licher, rindslederner Arbeiterschuh aus Reutlingen oder
sonst aus dem Schwäbischen. Ein ordentlicher Bot=
tinen oder ein leichter Halbstiefel hätte sich denn doch
anders gemacht, welches jeder auf den ersten Blick
sieht, der etwas vom Fach versteht. Daß der Zwingli
ein Schwert hat, ist recht und macht ihm Respekt.
Wenn die Regierung und das Gericht wieder von Zeit
zu Zeit einen mit dem Schwert köpfen ließen, wie zu
Zwingli's Zeiten, ginge es auch wieder anders. Seit
dieses aufgehört hat, geht der Respekt zurück und ist
übrigens jetzt gar nicht mehr.
             Nebst freundlichsten Grüßen
                          S. G., a. C.

(25. Oktober 1885.)
An die Neue Zürcher-Zeitung, in hier.

Wollte Ihnen eigentlich nicht mehr schreiben, wel=
ches daher kommt, daß Sie mich das letzte Mal
lächerlich gemacht haben, wo Sie doch wissen, daß
das einen estimirten Professionisten in's Herz bohrt,
welcher Ihnen nichts zu Leid gethan, lange abonniert

und zweimal hätte Gemeinderat werden können, wenn ich nicht darüber hinaus wäre. Schon vor drei Wochen hätte ich Ihnen sagen können, daß es sehr läß ist, so viel über den Schnaps zu schreiben, welchem Sie immer Alkohol sagen. In der Zürcher Zeitung und andern Blättern handelt es nur vom Schnaps und weil die Leute nichts anderes lesen können, haben sie Lust darnach und trinken viel mehr Schnaps als sonst, welches ich selbst bezeugen kann, indem seit dem Sonderbundskrieg zum ersten Mal wieder Trusenbranntwein probirt habe. Für ältere Leute ist er zwar nicht übel, indem er mich auch in die Füße hinunter wärmt, wo ich seit anderthalb Jahren immer friere und vielleicht bald doktern muß, welches beim Wein leider nicht mehr der Fall ist, obwohl der heurige ordentlich Geist hat und namentlich den Gemüthsnerven gut ist. Man sollte darum den Schweizerwein wieder mehr respektiren und weniger fremde Waare einführen, welche oft verfälscht ist, wenn auch die Chemiker gute Zeugnisse ausstellen, weil sie es nicht besser verstehen und die Waaren immer mehr verfälscht werden, da man doch dafür noch gute chemische Scheine bekommt. Es ist heillos viel Schwindel, welches früher nicht so geschah von wegen der größern Solidität und Respektität. In alten Büchern steht es, daß man die schlechtesten Fälscher in Oel gesotten hat, damit sie spüren, wohin es führt. Das möchte ich zwar nicht mehr, aber 24 würde ich jedem aufhauen und vier Wochen ein=

sperren und gefälschten Wein und Brot mit Kreide=
mehl und solches Zeug zu essen geben, bis er kreide=
weiß wäre. Das ist besser als Chemie.

In den Zeitungen wird überhaupt so lang und
so viel von Sachen geredet, die man nicht machen
soll, daß man Lust bekommt und es probirt.

Nebst Gruß
S. G., alt Cordonnier.

(23. Dezember 1885.)
Tit. Verantwortl. Red. der N. Z.-Z., dahier.

Habe bemerkt, daß Herr Vogt nicht mehr verant=
lich und fort ist und weiß deßhalb nicht, ob Sie von
mir noch etwas nehmen, welches ich aber doch hoffe,
da Sie mir gestern vier Franken geschickt haben, was
für den Brief über das Schnapstrinken zu sein scheint
und von mir also quittirt ist.

Ueber die Landesbefestigung am Gotthardhochspitz
haben Sie viel gebracht; es interessirt mich, welches
übrigens auch bei andern Leuten der Fall ist und
scharf disgerirt wird. Ich bin dafür, indem selbst
den Sonderbundskrieg mitgemacht habe und darum
weiß, daß man namentlich gegen die Kanonenkugeln
etwas vor sich haben sollte. Auch ist es gut, Mehl

und geräucherten Speck in Magazine zu thun, weil man im Dienst immer Hunger bekommt, und Wein, der vielen Courage macht.

Wollte aber nur beifügen, daß unbedingt auch ein großes Schuhlokal eingerichtet werden muß vom Bund für das Militär. Im Krieg braucht's heillos viel Schuhe und Stiefel und dann hat man keine und kauft viel zu theuer elende Fabrikwaare, die im Schnee ganz roth wird und bald verbrennt ist und versetzt wie Zundel. Anno 1871 habe ich selbst gesehen, in was für miserabeln Schlurpen die Bourbaki gekommen sind und in so schlechtem Schuhwerk geht Mancher in's frühe Grab oder bekommt eine schwache Brust mit Auszehrung oder sonst Gebresten, die man nicht mehr heilen kann, welches dann alle Jahre eine große Doktorrechnung macht und viel Leid und Aerger bringt.

In der Bundesversammlung denkt man nie an Solches, welches daher kommt, daß es dort keine Professionisten giebt, welche doch von diesen Sachen etwas verstehen und sich auch in Zollsachen besser wehren könnten; denn der Schäppi hilft uns so wenig als die andern.

Wenn ich der Bundesrath wäre, würde ich jetzt aus dem Festungsgeld 10,000 Paar Schuhe und 2000 Paar Halbstiefel bestellen, immer 50 bis 100 Paar bei einem Cordonnier, aber nur bei guten Schweizern, die nichts ausspioniren. Das gäbe Verdienst in den schlechten Zeiten. Und dann würde ich durch erfahrene

Professionisten, die nicht mehr auf dem Beruf schaffen und also nicht interessirt sind, nachsehen lassen, ob Alles nach Muster gemacht ist. Da dabei Ehre ist, welches auch estimirt werden muß, käme das Nach= sehen nicht gar theuer.

Mit freundlicher Hochachtung
S. G., alt Cordonnier.

NB. Russisches Lederöl würde ich zum einschmieren nicht brauchen.

(4. Januar 1886.)

Tit. Redaktion der Neuen Zürcher-Zeitung, in Hier.

Halte nicht viel auf dem Neujahrswünschen, wel= ches oft Geschmeichel von Leuten ist, die etwas er= gattern wollen, was Sie gewiß auch erfahren, da Viele schön thun, um in den Zeitungen gerühmt zu werden und in den Kantonsrath zu kommen oder Batallionskommandant zu werden, wie wir einen hatten, der hell nichts konnte und später nach Ame= rika durchgebrannt ist, wo er Sackträger sein und elend sterben mußte. Bei uns hatte er aber immer eine dicke goldene Uhrenkette über dem Bauch, als ob er nur Güggeli und Gäns essen könnte und dazu drüllte er den Schnauz wie ein Ungar und stolzirte wie ein Tagsatzungs-Herr.

Mir ist es aber Ernst; ich bin jetzt ein alter Mann und kein grüner Schluft und ich wünsche Ihnen von Herzen ein gutes neues Jahr. Hatte schon am 28. Dezember einen Brief für Sie geschrieben, um ihn am Sylvester auf die Post zu thun; denn das Schreiben muß ich jetzt langsam machen, weil ich die Finger nicht mehr recht krümmen kann und auch mit den Augen ist es diesen Winter bös, da mir Alles verschwimmt beim Lesen. Wenn nur der Professor Horner bald wieder zweg wäre, damit er mich untersuchen könnte, welches gewiß auch noch viele andere Leute wünschen. Den Brief habe ich aber dann mit schwachem Gedächtniß im Sack vergessen, weil ich nach Aarau ging, wo ich vor 50 Jahren vier Monate als junger Gesell in Arbeit stand und noch einen alten Freund habe, mit dessen Schwester ich verlobt war; sie ist dann aber bald gestorben und ich in die Fremde gegangen und kenne dort nur noch den Hans.

Sie sind jetzt noch junge Herren und gelehrt; schreiben Sie tapfer, man hat's nöthig, und denken Sie, wie viel währschafte Mannen man in den Dreißiger Jahren hatte und was die sagen würden, wenn sie das neumodige Zeug alles sähen und die viele Nichtsnutzigkeit, die vom Großhansen kommt. Es ist für einen alten Mann keine rechte Freude mehr zu leben, welches ich auch nicht mehr lange thue und Sie freundlich grüße.   S. G., alt Cordonnier.

(18. März 1886.)

An die Tit Verantwortliche Redaktion „U. Z. Z."
Dahier.

Welches jetzt auf dem Kasernenplatz mit Schnüren die Kompanieschule macht, sind die Cadres von zwei Landwehrbataillonen, worüber der mit dem Halbmond Ihnen schon geschrieben hat, aber mit Mangel an Ernstigkeit, welches immer bei ihm ist. Warum man über die alten Tschako lacht, weiß kein Mensch, welcher früher einen höheren gehabt hat. Damals war es in der Mode und wenn Jeder den Hut und Rock wieder tragen müßte, wie vor dreißig Jahren, so wäre es gerade wie jetzt mit den ältern Landwehr=leuten, wo die alten Moden bleiben, bis man aus dem Dienst oder die Tenue kaput ist. Aber jetzt sind viel Modennarren und laufen in so spitzen und engen Bottinen herum, daß es nichts gibt als Hühner=augen. Die jungen Offiziere gefallen mir zwar auch, aber es wird viel geschniegelt und jeder will den röthesten Kragen haben. Beim Militär kommt es aber nicht auf den Tschako an, obwohl dafür bin, daß man den Rock vielen Landwehrleuten etwas weiter machen sollte, um besser zu schnaufen, sondern es ist das Herz die Hauptsache und der Muth und die Liebe zum Vaterland, welches von der größern Erfahrung im Leben herrührt und bei den Auszügern weniger ist, weil mit zwanzig Jahren zu grün und mehr auf Lumpereien und Trinken versessen als auf den Dienst. Die Landwehr weiß besser, welches der Krieg ist und daß man etwas können muß, um zu fechten wie unser Bataillon bei Gislikon, wo auch dabei war und nachher von unserm Bataillonskommandant noch gelobt worden bin, welcher jetzt an der Landwehr gewiß auch Freude hätte, aber schon lange todt ist. Wer darüber lacht, sollte den Thorenbub an der eigenen Nase nehmen und nicht auswärts und wenn beim Exerziren zuerst viel Fehler gemacht werden, so hilft Lachen nichts, sondern Eifer, welcher vorhanden ist und man in ein paar Tagen schon sehen kann, daß es viel besser geht, wenn auch der Dienst kurz ist. Ich habe nichts gegen den Auszug und die Jungen, aber sie müssen nur nicht meinen, sie wären etwas Extraes und die Alten sollte man an die Feilträger verkaufen, weil überflüssig und nicht mehr nach der Mode. Nichts schlägt mir so auf die Galle, wie der firlefanzige Hochmuth, wo einer gar nicht weiß, wie elend miserabel dumm er ist und man vor seinem Tailleur mehr Respekt haben muß, welche übrigens gerade von solchen Großhänsen am wenigsten bezahlt werden, welches ich auch weiß und Sie freundlich grüße.

S. G., alt Cordonnier.

NB. Vom Wetter glaube ich, daß es nun doch gut kommt.

(10. Juni 1886.)

Tit. Redaktion der N. Z. Z. Zürich.

Weil Sie jetzt aus dem Nationalrath Alles telegrafiren, weiß man schon, welches gestern der Hertenstein über die zentrale Schuhwerkstätte und ein Schuhmagazin gesagt hat, womit er mich fuxen wollte, weil die Idee von mir und in der „Zürcher Ztg." gestanden ist. Er hat mir mit seinem Reden gegen die Schuhe einen Stich in's Herz gegeben, welches man am wenigsten in der Bundesversammlung gegen einen thun sollte, wo aus dem gleichen Kanton ist. Die Eidgenossenschaft kann jetzt mit ihren Schuhen machen was sie will, ich sage nichts mehr, und wenn die Soldaten einmal mit bloßen Füßen im Schnee herumwaten müssen, können sie meinetwegen eine Rede darum binden und sehen, ob es ihnen auch warm und trocken gibt. Gar nichts mehr will man von Leuten, wo mit viel Erfahrung und dem Kopf für's Vaterland arbeiten und wissen, welches die Wichtigkeit von gutem Schuhwerk ist; da lachen die Zeitungsschreiber und Bundesversammler nur und je weniger einer versteht, um so lüstiger kommt ihm etwas vor, welches doch viel Verderben vom Vaterland abhalten und viel schwere Lungenentzündungen nebst andern bösen Reumatismen verhindern könnte.

Wenn ich einen guten Gedanken habe und nichts dafür bezahlt will, dann hilft man mir nie in der Zeitung, aber über die Schlosser, die gar nichts thun wollen, welches doch in der Bibel schon eine Sünde

und nur am Sonntag nicht ist, da schreiben Sie langes
Zeug und sogar noch zuvorderst, wo immer die vor=
nehmsten Sachen stehen. Es verwürgt mich fast
nebst Gruß

S. G., a. C.

(28. Nov. 86.)

Tit. Redaktion der „Neuen Zürcher Zeitung" Zürich.

Jetzt liest man die Nordostbahn immer in der Zei=
tung und die Mororien, welches ein so dummes Wort
ist, daß ich immer wieder es gedruckt sehen muß,
um recht nachzusagen. Zu der Post und dem Tele=
graphenbureau will also der Welti jetzt auch die Nord=
ostbahn und alle Eisenbahnen, welches dann viel zu
regieren gibt, was er aber gern thut und gut kann.
Gestern hat's in der Zürcher Zeitung geheißen, der
Bund wolle billiger fahren. Welcher garantirt?
Solche Sachen will ich schriftlich, sonst wird's ver=
gessen, oder Niemand will dann das versprochen
haben und es sind auch keine Bürgen oder sonst etwas,
wo man dafür hernehmen könnte. Ich lasse mich
nicht an der Nase führen, schneide es aus, klebe es
auf und will schon machen, daß dann das Volk daran
denkt und Ihnen auch darüber schreiben, welches
man dann in Bern gedruckt haben kann. Mit den

Taxen nach Baden sollte man zuerst herunter, besonders dritte Klasse und für Leute mit Gsüchten, welches auch bei mir ist. So kommen mehr zum guten Wasser und werden gesund.

Daß der Welti nicht viel geben will, ist gut für die Steuerzahler, aber Gerechtigkeit muß bleiben und ganz vergeben möchte ich es auch nicht. Sonst kann der Welti am Ende jedes Geschäft umsonst wegnehmen, denn er sei hart im Kopf wie der Bismark, welcher jetzt mit den Bulgaren viel Aerger hat, wo es die orientalische Frage gibt und er nicht antworten kann. Für die großen Schuhfabriken wäre es zwar nicht Schad, wenn der Bund oder die Anarchisten sie nähmen, denn wo früher ein Meister war, ist jetzt eine Sohlenschneidmaschine und für drei Gesellen eine Nähmaschine. Nur noch keinen Kopf haben gottlob die Maschinen, welcher aber auch nicht bei allen Leuten extra ist.

Mit freundlicher Hochachtung

S. G., alt C.

(23. Januar 1887.)

Tit. Redaktion der Neuen Zürcher Zeitung,

Zürich.

Mit dem Krieg kommt es nun doch so, daß es einen gibt. Am meisten Schuld daran sind die Franzosen, Russen und Preußen, am wenigsten die Oestreicher, welches wahr ist, obwohl man Sie in Oestreich verboten hat (begreife auch nicht warum). Da gibt es wieder viel Todte und den armen Leuten werden die erwachsenen Söhne erschossen. Die Schule, die Erziehung, die Lehre, das viele Geld, welches Einer kostet, bis er selber verdient, ist mit einem Schuß nichts mehr und es kommt nur ein Todtenschein, wo darauf steht, daß der Hans oder Jean an dem und dem Datum umgekommen und unter den Boden gethan worden sei. Nicht einmal „Achtungsvoll" heißt es darunter und man macht weniger federlesen, als wenn ein Bott einen Sack Spreuer ab dem Wagen verloren hat.

Weiß nicht recht, wie es uns gehen wird. Was letztes Jahr über den Gotthard nebst Schuhmagazin geschrieben habe, scheint doch dem Hertenstein gesteckt worden zu sein oder er hat es selber gelesen, da jetzt 16,000 zur Lieferung ausgeschrieben sind, welches freilich immer noch viel zu wenig ist. Wer nicht zur Profession gehört, weiß nie, welches ein guter Schuh ist in den Schnee hinaus und auf die steinigen Gegenden auf den Bergen, wo Alles viel schneller kaput geht. Die höheren Offiziere kennen es auch nicht. Letzten Sommer sah ich bei der Außersihler Kaserne einen Leutenant, der hatte eine hohe, hohe Kappe, nagelneue Uniform, Knöpfe wie silberig, ein leichtes Säbelein, welches gewiß nicht Ordonnanz ist, und an den Füßen ganz enge mattlederige Bottinen, einföhlig, wie zum Tanzen. Wenn ich der Hauptmann wäre, würde ich zu so Einem sagen: „Ab den Füßen mit

dem Hudelzeug. Sie sind ein Galöri und ein Thorenbub. Wenn es Krieg gibt, hocken Sie schon am zweiten Tag auf dem Marodiwagen."
Nebst Gruß
S. G., alt Cordonnier.

(22. Mai 1887.)
Tit. Red. der N. Z. Z., Zürich.

In den Stadthausanlagen habe gestern ein Mai=
käfer gefunden, welcher der erste ist in diesem Jahr.
Er ist schon steif, weil das Wetter in der Nacht
sehr kalt, auf welches die Maikäfer sich eingerichtet
haben, indem sie heuer kein Käferjahr abhalten, ob=
wohl die Stadtpolizei es ausgeschrieben hat im Tag=
blatt.

Das Wetter ist auch gegen die Fremden, welche
jetzt bald kommen könnten, um den neuen Quai
zu sehen, sobald man die Mauern bei der Brücke
geflickt hat, welches ich bei der Nacht machen würde,
indem es am Tage genirlich ist und Kritik gibt.
Sonst ist der Quai recht und vernoblet die Gegend,
dagegen ist das Ufer für die Fische nicht mehr extra.
Das neue große Haus beim Polytechnikum, wo alles

für die Chemie sein soll, macht daß auch mehr hiesige Gelehrtheit existirt und gewiß nach zwanzig Jahren hier die Kinder für's Wissenschaftliche auf die Welt kommen wie die kleinen Indianer für's Jagen und Schwimmen; dagegen geht es mit dem Praktischen immer mehr zurück, das Gewerbliche ist kaput und insbesondere das Schuhmachergewerbe ein gänzlicher Zerfall. Weiß nicht recht, wie es mit der Zürich= bergbahn gehen wird, im Ganzen bin aber ziemlich dagegen. Gibt es Krieg, so kommt sie nicht zu Stande, hoffe aber immer noch, daß der Bismark keinen will.

Nebst Gruß

S. G., a. C.

29. Mai 1887.

Tit. Red. d. N. Z. Z.,

Dahier.

Wollte Sie fragen, ob man den Bazar für die Kinderferienkolonie nicht abstellen könnte, welcher mich und viel Hiesige vertäubt, da solches aus der Türkei kommt, wo man den Muhamed anbetet, welches Sie übrigens bestens wissen. Auch sonst ist mit den Tür= ken nichts mehr und man braucht ihnen darum es nicht nachzumachen; schon vor zehn Jahren sagte ich, es sei aus mit dem Sultan, welches man dann gesehen hat, als der Türk in Plewna gefangen wurde, weil er mit Proviant und Pulver fertig und auch sonst nicht gut ausgerüstet war, welches bei dem hiesigen Militär ganz anders der Fall ist und hier nur noch mit den Schuhen spuckt.

Rechtes und Nützliches wird beim Bazar doch nicht viel zu sehen sein, da sie von unsern Professionisten nur wenig ausstellen und verkaufen. Oder will man am Ende noch nach Grönland und Eisland schreiben und von den dreckigen Eskimo Wallfischeier für den Zürichsee beziehen, da ja jetzt Alles künstlich gebrütet wird und man am End den Fischen noch Schwimm= lehrer anstellt. Leute genug giebt es hier, denen Paris und Wien zu nahe und fast zürcherisch ist, während dies früher sehr in der Fremde war.

Würde am Bazar auch mitmachen, wenn er keiner, sondern etwas Vaterländisches wäre. Andere sind aber gegen Alles, welches auch nicht gut, sondern hartherzig und ohne Wohlthätigkeit ist.

Mit freundlicher Hochachtung
S. G., a. C.

(30. Juni 1887.)

An die Tit. Red. der Z. Z., in hier.

In dem letzten Brief, wo für mich an Sie adressirt war, welches oft vorkommt, steht Klage über das Kegeln, welches oft bis elf und halb zwölf Uhr geht, mit Poltern und Geschrei und Leute, die in der Nähe wohnen und bei offenem Fenster schlafen möchten, immer stört. Wenn einer den Kranz macht oder das Babeli, und dabei aufgumpt, Bier trinkt und immer wilder wird, so ist es, daß man auf einer Kegelbahn um 11 Uhr von außen meint, es wären Herrschaften aus den Indianischen wo Kriegsgeschrei machen, welches aber auch bei ihnen immer mehr vom Durst= löschen als vom Courage kommt. Würde darüber für die Stadt und wo viel Häuser in der Nähe sind ein Extra=Reglementlein verfassen, welches dafür wäre, daß nach 10 Uhr mit dem Kegeln nichts mehr ist. Wer noch nicht genug hat, kann Jassen, bei welchem er aber auch nicht auf den Tisch zu schlagen braucht, wie wenn er dem Teufel die Hörner mit der Faust in den Kopf hineintreiben wollte. Wäre ich der Nacht= polizist und käme nach zehn Uhr mit dem Laternlein in eine Kegelbahn, so würde ich sagen: „Meine Herren, es muß Jeder zwei Fünfliber Buße fürenmachen", und wenn man mir schon Bier mit Serwela zahlen oder ein Glas vom Bessern einschenken wollte, so nähme ich es doch nicht, sondern würde einfach die Buße einsacken und es in's Notizbüchlein schreiben, welches dann im Rapport noch genauer angegeben würde. So bekäme die Polizei viel Respekt, und die Leute würden sagen, das ist ein Sakerment, Hut ab vor dem, er ist fast wie der Welti, welcher die Nord=ostbahn nebst Mororien fest ringgelt.

Sie sind nicht recht dafür, es wäre aber doch gut, wenn wir mehr so Leute hätten und sie auch für das Gewerbe und namentlich die Schuhmacher, welche immer mehr zurückkrebsen, etwas thäten. Den Detail, wo er nicht recht wüßte, könnte ihm für verschiedene Professionen schon sagen, wenn er dann mir das andere macht, welches mehr in den Staat, die Ge=setze nebst Politik und das Höhere einschlägt, wo mich weniger auskenne, z. B. Patentschutz und etcet.

Mit freundlicher Hochachtung

S. G., a. C.

(8. September 1887.)

An die Red. der „S. S.", Dahier.

Mit der Frauenbadanstalt lächert es mich jetzt, von welcher man nicht weiß wohin damit und immer Angst hat, es könnte den Fremden am Quai nicht gefallen. Man muß bald meinen, der Stadtrath baue Alles nur noch für die Fremden, — am Ende noch für die Neger in Tunis, Gutemala und andere Mohren, mit denen man in Bern immer neue Convenzionen über das Druckwesen nebst Dichterei abschließt, welches ihnen passender ist als Strümpflismen und Strehlen, da weniger Arbeit dabei. In ein paar Jahren kommen diese schwarzen Fremden gewiß auch nach Zürich, reden negerisch, damit es noch fremder hier wird, baden im See, wo es dann gewiß nicht mehr schön ist, obwohl ihnen die Farbe nicht abgeht.

Am besten ist es, wenn die Badanstalt uns gefällt; ist sie den Fremden am letzen Platz, so können sie dann daheim wieder baden, wo das Wasser dicker ist oder voll Salz, wie im Meer, und man sich darum fester abriblen muß. Für die Soldaten am Truppenzusammenzug wäre das Baden auch nicht übel. Wenn noch mehr Fortschritt kommt, führt jede Kompagnie sechs Badkästen mit, welches mich nicht mehr wundert, da jetzt eine fahrende Küche gesehen habe, wo man Braten, Poverli, Knöpfli und Alles machen kann. Sonst ist es dato mit der Mannschaft nicht übel; die Disziplin geht ziemlich folgsam, aber das Trinken am Abend manchmal noch über den Durst, wo dann der Kopf am Morgen nicht extra ist. Vom Krieg glaube ich jetzt aber nicht mehr viel; der Bismark fürchtet den Ruß, und es giebt darum nichts. Es wäre übrigens für die Schweiz auch nicht kommod, da bald Sauserzeit.

Nebst Gruß

S. G., a. C.

31. Dezember 1888.

Tit. Red. der N. Z. Z.

Aus Yokohama, welches noch viel weiter ist als die Chinesen, habe auf Neujahr von dem jetzt daselbstigen Hrn. Sebastian Hablützel sieben Paar Schuhe und einen sehr schönen Brief erhalten, welchen Ihnen sende, damit Sie nun einmal wissen, daß man in der Fremde mit mir nicht ist wie Sie, während Sie mir nichts mehr in die Zeitung setzen*, auch nichts retour zurücksenden und keine Antwort geben. Den Brief möchte ich aber partout wieder haben, müßte Sie sonst persönlich besuchen, wenn Sie ihn vernäusen.

Für die Japanesenschuhe bin ich freilich nicht, finde sie für unser kaltes und ziemlich steiniges Klima nicht extra und glaube, daß Herr Hablützel nicht vom Fach ist und wahrscheinlich hier Fabrikbottinen gekauft oder bei einem schlechten Meister hat arbeiten lassen. Denn mit den Hühneraugen kalkulirt ein vertraulicher Cor=

donnier, wo nur Maßarbeit macht und Preise haltet, immer so, daß nie der Schuh schuld sein kann, wenn es Schmerzen gibt, sondern immer andere Gründe sich beweisen lassen. Ferner ist es glaube ich so, daß unsere Profession in Japan gar nicht existirt, indem fast alles an den Schuhen aus Holz, gar nichts lederig und daselbst somit ein Cordonnier eigentlich Drechsler oder Schreiner oder in feiner Waare Sohlenflechter ist. Überdies sind die Schuhe für dreckiges Wetter wie kleine Kinderschämelchen, sodaß wenn ein Vater Kinder hat, man meinen könnte, bei Regenwetter, er laufe mit ihrem Gvätterlimöbel an den Füßen herum. Auch haben die Japanesen viel zu kleine Füße, wie bei uns Modedamen, welche behaupten, die kleinste Nummer plampe ihnen noch, wo man doch sieht, daß sie nicht recht hineinkönnen und beim Laufen das Feuer im Elsaß sehen.

Nebst Grüßen zum Neujahr und freundlicher Hochachtung

S. G., a. C.

NB. Den Brief hole ich doch selber, indem am Ende wieder bis April abonnire und in der Börse sehen will, ob man die Schuhe dort ausstellen kann, da dort ein besonderes Zimmer voll Sachen von Negern und sonst noch wildes Zeug ist, wofür eine Gesellschaft sein soll.

*Herr Seb. Gäuggeli, der wegen der großen Popularität, welche er sich durch seine Briefstellerei erworben hatte, sich zu Höherem berufen fühlte und etwas zu sehr oben hinaus wollte, hatte uns einen hochpolitischen Leitartikel gesendet, in welchem von der deutschen Kolonialpolitik und den Nachtheilen des gespaltenen Leders, sowie der Maschinennägel die Rede war, und einen noch größern, der angeblich die Organisation des schweizerischen Landsturmes betraf, aber als Hauptbestandtheil eine Vergleichung Napoleons I. mit Moltke und Bismarck enthielt und mit bösen Ausfällen auf die Bundesversammlung und das Repetirgewehr endete. Die Leser werden es begreiflich finden, daß uns der Schuster nicht mehr zusagte, nachdem er den Leisten im Stiche gelassen.

(Die Red.)

Tit. Redaktion der Zürcher Zeitung!

Welches mich sehr interessirt und wo ich auch hinauf möchte, ist die Bahn auf die Jungfrau, obwohl sonst absolut gegen die Bergbahnen bin, weil alle jetzt nur sind, wo man mit guten Schuhen leicht hinaufkäme, so daß das Fahren überflüssig ist. Dieses ist ganz anders bei der Jungfrau, wovon Sie das schreckliche Unglück telegraphisch beschrieben haben, welches zeigt, wie bedenklich es dato noch dort oben aussieht. Ich selbst hatte schon früher davon Kenntniß und war deshalb anno 1886 für den S. Ch. Windler, dessen Vater wohl kannte, da er von Dübendorf war und mit Leder handelte, während der junge gute Schulen und das Politechnikum genossen hat, aber dato in Afrika sein soll, weil bei ihm leider zu wenig Sitzleder vorhanden, welches ihn nie auf einen grünen Ast bringen wird. Aber geschämig ist es doch beim Eid, daß jetzt ein Franzose kommt und will es machen, während doch die Idee hiesig war und wir praktischer sind als die Pariser, die gewiß vergessen, wie kalt es bei uns auf den Schneebergen ist. Auf den Eisbergen gefriert alles, so daß das Sitzen in der Eisenbahn die Zehen abfrieren könnte, welches sehr gefährlich ist, namentlich wenn der kalte Brand dazu kommt. Also soll der Bundesrath der Eisenbahn ankonzessioniren, daß sie Jedem ein Paar Primapelzschuhe gratis leihen muß, und zwar Doppelpelz mit Haaren nach innen und außen, und vielleicht auch Korkeinlage in den Sohlen, über welches noch nachdenken will. Und sodann muß oben in den Felsen gehauen ein Küchelein sein mit einem heißen Herd, wo man das Essen wärmen kann und den Wein überschlagen lassen, weil die Kälte furchtbar Hunger macht, und das Wärmen muß auch gratis sein. Denn das Essen nehme ich mit, weil wenn ein Gasthof oben ist, ein Ei 50 Rappen kostet, welches gewiß von theuren Hühnern herkommt. Wenn ich das zahlen müßte, würde mich die Taube verwürgen, denn es macht mich nichts so gehässig, wie die verfluchte Unverschantheit, die man auch von außen hat, da sie früher nicht war. Darum soll der Bundesrath mit dem, welcher die Bahn machen will, Fraktur reden und ihm sagen, daß die Jungfrau der Schweiz gehört und zwar dem ganzen Volk und

jeder das Recht hat, hinaufzugehen, und wir uns nichts versperren lassen und auch nicht 35 Fr. zahlen, son=
dern 40 Prozent Rabatt wollen, weil die 35 Franken Fremdenpreise sind.

Nebst freundlicher Hochachtung

S. G., alt Cordonnier.

Aprilscherze.

Von der Jungfrau.

(1886.)

Das schweizerische Kapital verhält sich in neuester Zeit gegenüber allen Bestrebungen, welche auf eine Erschließung der Alpenwelt für den Fremdenverkehr abzielen, kühl und kalt, während englische Unternehmungslust Millionen wagt, um die höchsten Alpengipfel, die bisher nur den rüstigsten Bergsteigern zugänglich waren, zum Gemeingute der Touristen zu machen.

In London ist im Anfange dieses Jahres eine International Mountain-Way Company gegründet worden, an deren Spitze berühmte Alpengänger stehen, wie Francys Whither, James Young und der Himalayareisende C. Filigree, der vom Dalai-Lama von Tibet s. Z. drei Jahre gefangen gehalten wurde, wofür ihm freilich hernach von diesem Despoten eine Entschädigung von 20,000 Pfund Sterling bezahlt werden mußte, als die indische Regierung 1882 Miene machte, den verloren Gegangenen mit einem Expeditionskorps von 400 Mann im Tibet zu suchen.

Vorläufig ist eine erste Serie von Aktien im Betrage von 80,000 Pfund Sterling ausgegeben wor=

den, die sämtlich von Londoner Kapitalisten zu Pari übernommen worden sind.

Die erste Aufgabe, welche die Gesellschaft zu lösen gedenkt, ist die Anlegung eines für Fußgänger, Pferde und Maulthiere gangbaren, absolut gefahrlosen Weges auf die Jungfrau und die Errichtung einer Schlittbahn auf dem großen Aletschgletscher.

Als wir den Prospekt der International Mountain-Way Company auseinanderfalteten und in der Einleitung mit wenigen Worten dieses Projekt skizzirt fanden, erschien uns derselbe zunächst als das Hirngespinnst eines in der Gletscherwelt verrückt gewordenen englischen Alpenklubisten. Die gründlichen Auseinandersetzungen des technischen Theiles des Prospektes haben uns jedoch bald belehrt, daß die zu überwindenden Schwierigkeiten geringer sind als bei der Rigibahn oder bei der Gotthardbahn. Aber freilich: vor 40 Jahren wären auch Vorschläge für Erbauung einer Rigibahn oder von Kehrtunnels, wie sie die Gotthardbahn besitzt, als Narrenwerk betrachtet worden.

Zum Verständniß des Projektes trägt eine in vorzüglichem Kupferstiche ausgeführte Karte des Finsteraarhorn- und Jungfraumassivs mit Aequidistanzen von 5 Metern wesentlich bei, hinter der die bezüglichen, sonst viel bewunderten und gerühmten Blätter des Siegfried-Atlas weit zurückbleiben. Uns sei der Versuch gestattet, dem Leser der „Neuen Zürcher-Zeitung" an der Hand dieser Karte einen Begriff von dem kühnen Unternehmen beizubringen.

Von Lauterbrunnen her führt gegenwärtig ein Fahrsträßchen nach Rüti. An dieses Sträßchen wird der Jungfrauweg anschließen und in einer Breite von fast drei Meter mit zwanzig Serpentinen zu den steilen Felshängen hinaufführen, die östlich oberhalb Sichellauenen liegen. Dann muß der Weg in der Länge von etwa einer halben Stunde aus dem Felsgestein ausgebrochen werden. Bemerkenswerth ist die Art und Weise, wie längs dieser Felsen und an einigen andern Stellen das Sträßchen mit Brücken von zehn bis dreißig Meter Länge über Lawinenzüge, Rüfenzüge und dgl. von Felsterrasse zu Felsterrasse hinübersetzt. Alle diese Brücken haben nur eine Spannung und sollen ganz aus Beton erstellt werden, nach dem Muster derjenigen, welche s. J. an der schweizerischen Landesausstellung zu sehen war. Diese Zementbrücken besitzen namentlich in einer Höhe von 2400 Meter über dem Meer, also oberhalb der Grenze des ewigen Schnees gegenüber eisernen Konstruktionen wesentliche Vortheile. In wenig zugänglichen Berggegenden sind sie erstlich fünfmal billiger als steinerne und dreimal billiger als eiserne Brücken. Zweitens haben die neusten Erfahrungen gezeigt, daß Eisen in einer Temperatur von — 45 Grad Reaumur (wie sie infolge der eigentümlichen Beschaffenheit der Terrainverhältnisse und der Gletscherbildung im Roththal — 2700 bis 2800 Meter über Meer — nach Mitternacht und namentlich unmittelbar vor Sonnenaufgang oft eintritt) fast so brüchig wie Glas wird, so daß Eisenplatten von 1 Centimeter Dicke mit einem Steinwurf zertrümmert und Gewehrläufe wie Glasröhren zerschlagen werden können. Man wird somit bei allen eigentlichen Hochgebirgsbauten in der Verwendung von Eisen fortan sehr vorsichtig verfahren müssen.

Ueber die Schweinialp zieht sich der Weg nach der Bärenfluh und diese Wand hinan, hoch über dem verrufenen Roththalgletscher, zur jetzigen Klubhütte. Die International Mountain-Way Co. scheint sich mit dem Gedanken zu tragen, in wenigen Jahren bis hieher eine elektrische Eisenbahn nach dem System des amerikanischen Ingenieurs Blockhead anzulegen, das sich in den Bergwerken der Rocky Mountains sehr bewährt hat, indem damit Steigungen von 60 % und Kurven von nur 12 Meter Radius mit Leichtigkeit überwunden werden. Blockheads elektrische Eisenbahn scheint vermöge dieser Vorzüge berufen zu sein, das eigentliche Vehikel des Hochgebirges zu werden.

Neben der jetzigen Klubhütte gedenkt die Gesellschaft ein Hotel mit ungefähr 40 Betten zu errichten, das eine Touristenstation und ein Höhenkurort par excellence werden und namentlich für Leute bestimmt sein soll, welche in Davos und St. Moritz die Winterkur überstanden haben und beim Beginn des Frühlings einer noch stärkern Belebung der Lungenthätigkeit bedürfen. Es ist ja bekannt, daß an den genannten renommirten Lungenkurorten die Luft von Mitte November bis Anfang März die richtige Dünnheit besitzt, indem während der angegebenen Zeit

Stickstoff und Sauerstoff den größten Ausdehnungskoeffizienten aufweisen. In den übrigen Jahreszeiten aber ist die Luft etwas zu dicht, und in den meisten Fällen hinge genau genommen die Erlangung der völligen Gesundheit von einer Versetzung in ein absolutes Hochgebirgsklima ab.

Vom Hotel Roththal beträgt die Entfernung zur Spitze der Jungfrau in die Luftlinie blos etwa 2600 Meter, aber es gilt noch eine Steigung von 1400 Meter zu überwinden. Eine mit soliden Geländern und sehr breiten Stufen versehene, zum größten Theil aus dem Fels ausgebrochene Treppe führt an die steile, nördlich von der Klubhütte befindliche Wand empor und verliert sich dort in eine Galerie, die ganz wie diejenige an der Axenstraße durch das Gestein getrieben ist. Was die Welt an ungefährlichen Spaziergängen besitzt, ist gegenüber dieser fünf Meter breiten und vier Meter hohen Galerie pedantischer Kleinkram. Durch die breiten Ausblicke des Tunnels schweift das Auge hinüber an den Lötschenfirn, den großen Aletschfirn und den Aletschgletscher und weiter oben an die Viescherhörner, das Finsteraarhorn, an den Viescherrat und das Ewig-Schneefeld und hinab auf den Concordiaplatz, wo laut einer alten Sage in mondscheinhellen Neujahrsnächten die Berggeister sich einstellen, um in dieser Wildniß voll schauerlicher Pracht einen Herentanz aufzuführen. Das sind die armen Seelen von Leuten, welche Menschenblut rauchen ließen, und ein altes Grindelwalder Volkslied sagt, daß droben auch jene Oberländer Soldaten

„umgehen", welche anno 1500 nach der ersten Schlacht von Novara den Herzog Sforza schnöde verrathen und verkauft haben. (Schade, daß Tobler in seiner Sammlung dieses schöne, melancholische Volkslied aus der Zeit der Mailänder Feldzüge übersehen hat.) Und da sind wir unterhalb des Hochfirns! Die Lawinen mögen hinunter donnern in den schaurigen Roththalsattel — wer in der Galerie steht, hat von ihnen nichts zu fürchten. Als ob hundert Belagerungsgeschütze auf einmal abgefeuert worden wären, dröhnt's und kracht's, aber der Jungfraubesteiger sieht ungefährdet die Schneemassen die steilen Hänge hinabstieben — ihn können sie nicht erreichen.

Ungefähr 50 Meter unterhalb der Spitze der Jungfrau werden einige kleine Säle ausgemeiselt. Hier wird zu haben sein, was Kehle und Magen begehren: Wein, Schnäpse aller Art, Kaffee, Thee, Geflügel, Würste etc. Hier sind die Wegkarten abzugeben, die drunten in Rüti zum Preis von 12 Fr. gelöst werden und hier sind zum Preis von 5 Fr. die Karten für den Rückweg und zum Preise von 10 Fr. diejenigen nach dem Aletschwalde zu erheben.

Hier befinden sich auch die Maschinen zur Bedienung des elektrischen Lichtes, das jedes Jahr an einigen Sommernächten von der Höhe der Jungfrau in die Lande hinausleuchten wird. 85,000 Kerzen stark wird dieses Licht sein, dessen Glanz man noch auf der Höhe des Straßburger Münsters erkennen dürfte. In solcher Beleuchtung muß die Jungfrau, von Interlaken aus gesehen, gleich der Kaiserin der

Gebirgswelt durch die nächtlichen Lande strahlen. Der Oberländer Hotelverein soll denn auch bereit sein, für jede derartige Beleuchtung einen Zuschuß von 2000 Fr. zu gewähren, und der Bundesrath ist ebenfalls geneigt, bei der Bundesversammlung für das Unternehmen eine jährliche Subvention von 15,000 Fr. zu beantragen, da er wohl weiß, daß eine richtige Beleuchtung der Alpenwelt die Fremdenindustrie hebt. Die Spitze der Jungfrau wird abgeplattet und ringsherum eine Brüstung aufgeführt, so daß annähernd 100 Personen Platz finden und die Aussicht ohne Gefährde genießen können. Die wonnetrunkene Seele schweift im Aether! Wie eine schwarzblaue Glocke wölbt sich der Himmel über uns und der Sonne Licht umfluthet uns mit einer Klarheit und einem Glanze, die man in den Gegenden der ebenen Schweiz gar nicht kennt! Dort im Norden winken sie herauf, die Thäler, graugrün anzusehen und von ödem Dunst überhaucht, wie die Seele des Poeten vom Staube des Alltagslebens.

Wer auf der Spitze der Jungfrau steht, blickt nach Osten über eine etwa fünf Münsterthürme tiefe, nur an zwei Stellen von schmalen Schneebändern durchzogene Felswand hinunter. Wie kommt man von hier auf dem kürzesten Weg nach dem Jungfraufirn hinab? Momentan schwankt die International Mountain Way Co. noch in der Beantwortung dieser Frage; es thut ihr die Wahl wehe zwischen einer Seilbahn nach dem System Protzig und dem lenkbaren Luftschiff des preußischen Geniehauptmanns von Etne, mit dem die für den Luftballondienst abkommandirte Abtheilung des preußischen Gardepionnierbataillons laut den Mittheilungen des hanıover'schen Militärwochenblattes (vgl. Nr. 45 und 46 vom 21. und 28. November 1885) letzten Herbst die besten Resultate erzielt hat. In beiden Fällen müßte die Spitze der Jungfrau mit dem Signalpunkt 2993 der Dufourkarte durch ein sieben Centimeter starkes Drahtseil verbunden werden, da auch der Luftballon selbstverständlich nicht frei zu funktioniren hätte, sondern mittelst Rollen einem Drahtseil entlang geführt würde, gerade wie eine Flußfähre.

Die Besorgniß, daß die Besucher der Jungfrau vor der Benutzung derartiger Fahrzeuge zurückschrecken werden, theilen wir so wenig als die Gesellschaft. Jeder Berggänger hat gewiß schon die Erfahrung gemacht, daß Leute, die sonst zaghafter Natur sind, sich bei Gletscherfahrten ungewohnt kaltblütig und unerschrocken zeigen. Ebenso ist bekannt, daß unter den Eingebornen in den Bergen Feiglinge sozusagen gar nicht vorkommen. Die Kriegsgeschichte weiß darum genugsam zu erzählen, wie blutig Gebirgskriege auszufallen pflegen; sie lehrt uns aber auch, daß Soldaten aus den Bergen ihre vorzüglichen Eigenschaften und namentlich ihren Muth in den Ebenen oft verlieren und dann leicht ein Opfer der Panik werden. Dies beweist schlagend, daß der Muth von gewissen Einwirkungen der Luft auf das Zentralnervensystem abhängt, eine Beobachtung, welche schon Scheuchzer in seinen „Reysen in die Alpengebürge" auseinander gesetzt hat.

Steht der Jungfraubesucher mitten auf dem Jungfraufirn, so beginnt die famose Schlittenfahrt. Man weiß, daß der Jungfraufirn und der große Aletsch-Gletscher eine ganz gleichartige Neigung besitzen und in der Mitte von Spalten und Rissen durchaus frei sind. Von dem genannten Punkt der Dufourkarte an bis zum Gletscherübergang unten am Aletschwald beträgt die Entfernung mehr als vier Stunden und diese Strecke soll auf eigenartig konstruirten eisernen Schlitten in etwas mehr als einer halben Stunde ganz gefahrlos zurückgelegt werden. Die Gesellschaft gedenkt zwölf erfahrene Bergführer als Schlittenlenker zu engagiren. Vorn setzt sich wie bei einem Heu- oder Holzschlitten der Führer, der das Fahrzeug lenkt, und hinten in den Schlitten drei oder höchstens vier Personen.

Dann fängt der Spaß an.

Hei, wie fliegt die Landschaft vorbei! Links grüßt die Grünegg hernieder und der Faulberg, rechts ragt das Dreieckhorn und das Aletschhorn zum Himmel empor. Und da sind ja auch schon auf der linken Seite die Strahlhörner und das Eggischhorn und dazwischen liegt der Zaubersee Merjelen, der jetzt mit Staatshülfe tiefer gelegt und verhunzt wird. Und rechts blicken wir zwischen Almenhorn und Sattelhorn hindurch dem mittlern Aletschgletscher auf den breiten Rücken. Kaum gegrüßt, gemieden! Zehn Minuten später werfen wir dem Obern Aletsch=Gletscher einen Scheideblick zu.

„Bhüeti Gott", sagt der Führer an der Anlaufs=stelle und wir traben nach dem Aletsch=Walde, wo Mitte August die Erdbeere blüht.

Im Sommer des Jahres 1888 wird die Schweiz um dieses Stück Poesie reicher sein. Bereits hat die I. M. W. C. bei der Filiale der Berner Kantonal=bank in Lauterbrunnen 250,000 Fr. als Kaution für den Fall deponirt, daß ihre Arbeiten nicht rechtzeitig fertig werden sollten. Die Wegarbeiten werden am 1. Mai d. J. mit 350 Mann begonnen, und es unter=liegt keinem Zweifel, daß Mitte August schon die Klubhütte im Roththal auf gebahnten Wegen erreich=bar ist.

Die Rentabilitätsberechnung weist schlagend nach, daß mit Sicherheit auf eine Dividende von 8—12 % zu zählen ist. Die Engländer schnappen uns eben im eigenen Lande die besten Geschäfte vor der Nase weg.

S. Ch. Windler, Ingenieur=Topograph.

Ein neues Naturheilverfahren.

Ein Mailänder Arzt, Hr. Pietro Negli, der vor ungefähr zwei Monaten nach Zürich gekommen ist, um im hiesigen Kantonsspital die Koch'sche Impfung und ihre Folgen zu studiren, hat ein neues Naturheilverfahren entdeckt, welches in der Geschichte der Medizin einen Wendepunkt bedeuten dürfte. Die schöne Entdeckung läßt sich, wie manche weltbewegende Erfindung, auf eine fast zufällige Naturbeobachtung zurückführen.

Die meisten Leute, welche während der Seeg'fröni über die Quaibrücke wanderten, haben auf dem Eise, unmittelbar dort, wo dasselbe mit den Wellen der Limmat um sein Dasein kämpfte, eine Anzahl von Schwänen liegen sehen. Unbeweglich, als ob sie selbst erfroren wären, harrten die Vögel auf der kalten Fläche aus und wendeten ihre Rücken vom Morgen bis zum Abend den Strahlen der Sonne zu. „Merkwürdiges Vergnügen", brummte manch Einer, sah sich die starren Federviecher ein paar Minuten an, dachte dabei nichts und zog seines Weges.

Anders Hr. Pietro Negli. Er stellte sich prinzipiell die Frage: „Warum liegen die Schwäne hier? Das muß eine tiefere Ursache, einen Naturgrund haben."

Die dankbare Frage fand eine noch dankbarere Antwort.

Hr. Negli konnte zunächst feststellen, daß alle Schwäne, welche mit ihrem beflaumten Bauch das Eis aufzuthauen schienen, krank waren. Es ergab sich dies schon aus einer oberflächlichen Betrachtung und hernach, als die Thiere eingefangen wurden, aus einer genauen ärztlichen Untersuchung derselben.

Die Thierwelt ist bekanntlich, gerade wie der Mensch, einer Unmasse von Krankheiten ausgesetzt, und die Annahme, daß der Träger der Kultur von solchen häufiger verfolgt werde als jene, erweist sich nach den Forschungen von Oudemoult und Brochebin als ein alter Kinderglaube. Insbesondere die Vögel leiden, nach den Beobachtungen der genannten französischen Forscher, an allen möglichen Infektionskrankheiten, mit denen der Mensch zu fechten hat, und sie, die Segler der Lüfte, bilden meistens die eigentlichen Vermittler der Infektion.

Die Schwäne, welche Hr. Pietro Negli untersuchte, krankten theilweise an hochgradiger Influenza. Andere waren mit schweren Gelenkrheumatismen behaftet, und die Gelenkköpfe der Oberschenkel und der Flügel zeigten sich stark entzündet und sehr schmerzhaft auf Druck. Nach wenigen Tagen des Lagerns auf dem Eise blieb von all diesen Erscheinungen nichts mehr bemerkbar: die Thiere erfreuten sich wieder absoluten Wohlseins, normaler Temperatur und guten Appetits.

Das Thier wird also, wie der Mensch, krank. Aber im Gegensatz zu diesem besitzt es einen fast untrüglichen Naturheilinstinkt, der dem Menschen vor Jahrtausenden, wahrscheinlich zur Zeit, als er aus der Steinperiode in die des Metalls übertrat, abhanden gekommen ist. Jetzt gilt es, uns durch genaue Beobachtung des Verhaltens der Thiere in Krankheitsfällen auf dem Wege des Erkennens und Wissens wieder anzueignen, was uns die Natur an Heilinstinkten geraubt hat.

Hr. Negli, der diesen Standpunkt vertritt, stellte sofort mit Menschen Eisheilversuche an. Auf Eisplatten von 80 bis 120 Centimeter Länge und 40 Centimeter Breite, die mit einer Schicht feiner Sägspähne und einem dünnen wollenen Tuche bedeckt wurden, legte er die Patienten und zwar so, daß der Unterleib fest auflag. Der Erfolg war anfänglich gering. Hr. Negli hatte nämlich zuerst übersehen, daß die erkrankten Schwäne an ihrem Bauchgefieder, bevor sie das Heilverfahren beginnen, eine ölige Substanz absondern. Das kann der Mensch selbst nicht, sondern es muß diesem Unvermögen auf künstlichem Wege abgeholfen werden. Hr. Negli ahmte die Natur nach, indem er den Patienten den Unterleib mit Schildkrötenöl oder Fischthran bestrich. Sobald dies geschehen war, ergaben sich bei fast allen Infektionskrankheiten — namentlich bei Typhus, Gelenkrheumatismus, Brechdurchfall, Lungenentzündung und Ruhr — überraschend glänzende Resultate. Vollständige Heilung in wenig Tagen! Wandte man an Stelle der genannten animalischen Fette bezw. Oele Pflanzenöl an, so blieb der Krankheitszustand fast stationär, und beim Gebrauch mineralischer Fette, wie Vaselin und dgl., stellte sich rasch eine bedeutende Verschlechterung ein, die in einem Falle tödtlich zu verlaufen drohte.

Durch diese Thatsache erhält die Theorie, welche Professor Noman in Melbourne vor anderthalb Jahren für das Gebiet der Chirurgie aufgestellt hat, eine überraschende Beleuchtung. Noman beobachtete auf seinen großen Reisen in Australien, daß Wunden, welche von nicht vergifteten Knochenwaffen herrühren — also z. B. von Pfeil= oder Lanzenspitzen aus Knochen — sehr gutartig sind und prächtig heilen. Er gerieth dadurch auf den Gedanken, die Operations= instrumente aus Stahl durch solche aus Knochen zu ersetzen. Da es aber an einem geeigneten Material hiezu fehlte, mußte er vorerst das Härtungsverfahren für Elfenbein erfinden, durch welches dieser Stoff zu einer solchen Beschaffenheit gelangt, daß er Glas an Härte übertrifft und sich in einer Temperatur von 45° C. wie der beste Stahl schleifen läßt. Die Noman'schen Operationsinstrumente aus sogenanntem Elephantical Steal werden ihren Triumphzug durch die ganze Welt halten.

Man soll demnach den erkrankten menschlichen Körper so weit möglich nur mit animalischen Stoffen in Berührung bringen, indem er mit denselben assi= milatorisch zusammenwirken kann, während er sich pflanzlichen und insbesondere mineralischen Stoffen gegenüber meist ablehnend verhält.

Eine andere, für die Heilkunde ebenfalls allgemeine Bedeutung beanspruchende Erkenntniß konnte beim Eisverfahren auch sehr rasch zur Geltung gelangen. Bekanntlich war der Arzt bisher sozusagen ohne Einfluß auf die Höhe der Körpertemperatur. Bei hohen Fiebergraden werden allerdings kalte Bäder oder Giftchen wie Chinin, Antipyrin, Antifebrin u. dgl. verordnet — wie elend dabei aber die Erfolge und wie bedenklich die Nebenwirkungen sind, weiß jeder Sachkundige. Einzig die Behandlung großer Körperflächen mit Eis nach Negli'schem System ermöglicht eine beliebige Regulirung der Körpertemperatur, und als Regulator dient hiebei die Sägspähneschicht, die man je nach Bedürfniß vermindert oder erhöht. Eine Störung erlitt aber diese Temperatur jeweilen durch die Zufuhr von Nahrung, die anfänglich nach allgemein üblicher Art erfolgte; damit trat auch eine mehr oder weniger vorübergehende Trübung der Heilungsharmonie auf. Um diesem Uebelstand abzuhelfen, wurde bald den Patienten alle Nahrung genau in der nämlichen Wärme zugeführt, welche momentan ihr Körper hatte. Zeigt das Thermometer 36° C., so muß Speise und Trank des Betreffenden ebenfalls auf 36° C. gebracht werden, sodaß jeder Kampf der eindringenden Temperatur mit der Körpertemperatur unterbleibt und eine sofortige Verbindung derselben eintritt. Man soll den kranken Körper nicht unnöthiger Weise zum Kampfplatz der Elemente machen! Daß diese selbstverständliche Erkenntniß den Fachleuten der Medizin so lange verhüllt bleiben konnte!

Was nun die Höhe der Körpertemperatur anbetrifft, so zeigt es sich, daß bei erwachsenen, ordentlich genährten Menschen mit dem Negli'schen Verfahren dieselbe gar wohl bis 29° C., ja 27,5° C. reduzirt werden darf — natürlich nur ganz allmälig, während der Fachmedizin bisher die Körpertemperaturen unter 35° C. eine terra incognita oder vielmehr ein Kirchhof waren. Im Unterleibe selbst ist natürlich die Wärme lokal noch geringer.

Da der Krankheitsstoff, und zwar insbesondere die Bazillen und Mikroben, im Blut zirkuliren, gelangt derselbe durch den Blutlauf auch in den niedrig temperirten Unterleib. Die Krankheitsstoffe ertragen aber Temperaturen von 30° C. und weniger nicht, weßhalb sie ja beim Eindringen in den menschlichen Körper die Wärme desselben auf die ihnen angenehme Höhe von 40° C. und mehr zu treiben trachten. Unter der Einwirkung der geringen Wärme im Unterleib werden die ungesunden Stoffe lahm, zirkulationsunfähig; sie lagern sich in Folge dessen in den Darminhalt ein und werden mit diesem durch die von der Natur vorgezeichnete Abfuhrquelle aus dem Leibe entfernt. So wird das Blut gereinigt, ohne Schaden zu nehmen. Denn wenn auch einzelne Blutkörperchen unter dem Einfluß der Kälte Schrumpfungen erleiden, so gleichen sich diese leicht wieder aus.

Während Kneipp den Krankheitsstoff auflöst und im ganzen Körper herumspült, fängt Negli denselben im Unterleibe auf, führt ihn dort in festen Zustand über und stößt ihn aus, nöthigen Falles unter An=

wendung von Bitterwasser. Offenbar ist die letztere Methode die wissenschaftlichere.

Für unsere Gebirgsthäler, welche Seen besitzen, eröffnet die Negli'sche Methode reiche Aussichten. Herr Negli gedenkt am Klönthalersee sofort einige Schuppen erstellen zu lassen, um in denselben Tafeleis zu bergen und mit Hülfe hiesiger Kapitalisten und einer Subvention des Bundes an jenem idyllischen Gestade eine Heilanstalt im Oberländer Holzstil zu erbauen.

Für die Medizin aber bedeutet die Negli'sche Entdeckung eine Demokratisirung. Die Thore der Heilkunst wurden bisher von den Begüterten beherrscht, welche sich die goldenen Schlüssel zu denselben zu kaufen vermochten. Der Volksgeist wird diese Thore aushängen und die Halle der Wissenschaft allen Begabten offen halten, welche der Natur ins Auge blicken.

A. Padrowski, Cand. rer. nat.

Aus dem Geschäftsbericht des eidgenössischen Verkehrsdepartements.

(Korrespondenz aus der Bundesstadt.)

(1892.)

Der eben erschienene Geschäftsbericht des eidgenössischen Verkehrsdepartements für das abgelaufene Jahr ist weniger reichhaltig als mancher seiner Vorgänger, und wir glauben die Leser der „Neuen Zürcher Zeitung" mit einer Wiedergabe selbst der wichtigsten Verkehrsziffern verschonen zu sollen, da dieselben im Ganzen von den in Nr. 89 erstes Blatt des Vorjahres mitgetheilten nur wenig abweichen.

Dagegen dürfte ein Punkt das Interesse des verkehrtreibenden Publikums in Anspruch nehmen. Der Bericht schreibt darüber:

„Im Juli des Berichtjahres erhielten wir durch Vermittlung der Botschaft in Berlin von der Kleinstorf'schen Maschinenfabrik in Breslau die Anfrage, ob unser Departement geneigt wäre, ihr den nötigen Raum zur Verfügung zu stellen, um in der Schweiz Versuche mit einem den Flug der Vögel nachahmenden Apparate vorzunehmen. Zur Unterstützung des Gesuchs wurde vorgebracht, daß die Firma den Apparat im Auftrage des preußischen Kriegsministeriums

geschaffen und von diesem eine Belohnung von
1 Million Mark zugesichert erhalten habe, sofern
das Problem in so zufriedenstellender Weise gelöst
werde, daß die Erfindung sofort verwendbar sei.
Um das Ziel vollständig zu erreichen, müßten prak=
tische Versuche gemacht werden. Dieselben seien aber
in Deutschland zur Zeit ohne Gefährdung des Erfin=
dergeheimnisses nicht möglich, da es erfahrungsgemäß
dermalen daselbst von französischen und russischen
Militärspionen wimmle, denen bei klarem Wetter die
Versuche sichtbar würden. Bei trübem Wetter aber
wären in der dunstigen Atmosphäre Norddeutschlands
Proben unausführbar, weil man sich nicht zu orien=
tiren vermöchte. Eine geeignete Gegend sei einzig die
Schweiz im Spätherbst, wenn die Ebene und die
Flußthäler in dichten Nebel verhüllt liegen, während
die Kämme der Mittel= und Hochgebirge im Sonnen=
schein prangen und über ihnen ein wolkenloser Himmel
lache. Ungesehen von den Tiefen aus könnten über
dem Nebelmeere von einem mittelhohen Gipfel zum
andern die Versuche unternommen werden.

„Unser Departement ist seit 1850 schon so oft von
verkannten Genies, welche den lenkbaren Luftballon
erfunden zu haben meinten, um Mithülfe angespro=
chen worden, daß wir die Anfrage im nämlichen
ablehnenden Sinne von der Hand wiesen, wie viele
vornagegangene.

„Infolge unserer Antwort stellte sich dann aber
der Chef=Ingenieur der Kleinstorf'schen Maschinen=
fabrik, Hr. von Brigradski, am 3. August in Bern

ein und zwar mit so gewichtigen Empfehlungen, daß wir im Interesse unserer guten diplomatischen Beziehungen nicht umhin konnten, auf unsern diesfallsigen Entscheid zurückzukommen. H. von Brigradski brachte ein vollständiges, 78 Centimeter langes und bei niedergelassenen Schwungtreibern 32 Centimeter breites Modell mit sich, das er zur Beschwichtigung unserer Bedenken den Experten des Patentamtes vorzulegen wünschte, um gleichzeitig auch bei der genannten Stelle die Erfindung provisorisch anzumelden. Nach genauer Prüfung des Modelles und nach einläßlichen Auseinandersetzungen des Hrn. von Brigradski erklärten die drei Experten, es scheine ihnen das Problem gelöst zu sein und jedenfalls liege es im Interesse des technischen Fortschritts, Proben in großem Maßstabe zu ermöglichen. Die Funktion des Vogelfluges sei so genial erfaßt und in so überraschender Weise auf die einfachsten Elemente zurückgeführt, die Einwirkung der Schwerkraft, der Schlag der elastischen Schwungtreiber auf die Luft und die Wirkung des Windes auf schief gestellte Flächen so meisterhaft kombinirt, daß ein Gelingen der Versuche nur noch eine Frage kurzer Zeit sei, und zwar um so eher, als zugleich infolge der Verwendung eines bis jetzt in der Maschinenindustrie nicht beachteten Materials in Verbindung mit Aluminium die elektrischen Akkumulatoren relativ beinahe dreimal leichter seien als die leichtesten bisher bekannten.

„Die am 8. August in der Militär-Reitschule in Bern mit dem Modell angestellten Versuche gelangen vortrefflich und fanden den vollen Beifall der Techniker unseres Verkehrsdepartements.

„Für die Versuche mit dem vollständigen Apparate waren dann allerdings Vorbedingungen zu erfüllen, die sich in der That außerhalb der Schweiz nur an wenigen Orten gefunden hätten:

„a. Die beiden Gipfel sollten ungefähr hundert Kilometer von einander entfernt liegen und möglichst freistehend sein;

„b. Sie sollten im Oktober möglichst wenig besucht werden, damit die Versuche unbemerkt blieben, aber

„c. gleichwohl waren auf den Gipfeln Unterkunftsräume für das Personal und für kleinere Reparaturwerkstätten erforderlich; ebenso war

„d. eine bestehende Telegraphen- oder Telephonleitung erwünscht, damit man die für die Starkstromleitung erforderlichen Kupferdrähte rasch an den Isolatoren befestigen konnte und nicht die Leitungsstangen erst aufstellen mußte.

„Mit großen Gasthöfen versehene Gipfel, auf denen es bis in die letzten Herbsttage von Touristen wimmelt, mußten aus den unter b. angeführten Gründen unberücksichtigt bleiben, und es fielen deshalb Rigi, Pilatus, Uetliberg und dergl. außer Betracht. Man entschied sich für den Napf und den Säntis, wo auf den Gipfeln hinlängliche Räumlichkeiten sich boten und gegen billige Entschädigung gemiethet werden konnten. Am 28. September waren die hölzernen, etwa 5 Meter hohen Abgangs- und Ankunftsgerüste auf beiden Gipfeln aufgestellt, die Werkzeuge

hinaufgeschafft, die Drähte gespannt und der Luft=
segler auf dem Napf fertig montirt. Da keiner der
einzelnen Bestandtheile über 20 Kilo wog, hatte der
Hinauftransport übermäßige Schwierigkeiten nicht
geboten. Immerhin hat der ganze, für höchstens
acht Personen bestimmte Apparat ein Gewicht von
380 Kilo.

„An den Versuchen nahmen Theil Hr. v. Brigradski
mit zwei Ingenieuren der Kleinstorf'schen Maschi=
nenfabrik, zwei Offiziere der Luftschiffabtheilung
des Preußischen Eisenbahn=Regimentes und zwei
Techniker unseres Departements. Ferner wurden auf
dem Napf zwei Monteure und fünf Arbeiter unter=
gebracht, während auf dem Säntis ein Monteur mit
zwei Arbeitern Unterkunft fand.

Die Versuche begannen am 2. Oktober, einem
windstillen Tage, an dem das tiefere Land mit Nebel
bedeckt war, während in der Höhe warmer Sonnen=
schein herrschte. Schon die erste Fahrt gelang über
Erwarten gut. Der Luftsegler hatte etwas Mühe
in die Höhe zu kommen, nahm dann aber, nachdem
er hinlänglich gestiegen war, seinen Weg mit größter
Schnelligkeit. Er erreichte sein Ziel in 1 Stunde
und 28 Minuten! Bei spätern Versuchen konnte
sogar der Weg einmal in fünf Viertelstunden zurück=
gelegt werden, also beinahe mit der Schnelligkeit einer
Brieftaube. Im Ganzen wurde die Fahrt zwischen
Napf und Säntis achtundzwanzig Male gemacht.
Die Versuche endeten am 15. Oktober, nachdem an
einem der Schwungtreiber Reparaturen nothwendig

geworden waren, die an Ort und Stelle nicht vorgenommen werden konnten. Ueberhaupt ist das Material der Schwungtreiber der einzige noch etwas heikle Punkt an der ganzen Erfindung. Diese Schwungtreiber müssen sehr stark und kräftig sein, dabei aber möglichst leicht; es ist deshalb schwer, ein ganz geeignetes Material zu finden.

"Wir haben mit der Kleinstorf'schen Maschinenfabrik bereits einen Vertrag abgeschlossen, der dem Bund die ausschließliche Ausbeutung der Luftfahrerei in der Schweiz sichert, und behufs weiterer Proben zwei Luftsegler bestellt, welche lediglich für Verkehrszwecke gebaut werden sollen, während der erprobte Apparat für militärische Zwecke bestimmt und deßhalb mit einem Reflektor und einer Auswerfhülse für Sprengstoffe versehen war. Die mit dem Telephon s. 3. gemachten Erfahrungen haben uns gelehrt, in solchen Dingen künftigen Begehrlichkeiten des Privatkapitals bei Zeiten vorzubeugen, und nicht große Erfindungen, welche naturgemäß Gemeingut werden müssen, der schnöden Spekulationswuth der Börse anheim zu geben. Wir hoffen, die Bundesversammlung werde diese Auffassung theilen. Allerdings war die Luft res nullius und zwar weil sie nicht verwertet und ausgebeutet werden konnte. Dieser Zustand, der ein Überbleibsel aus dem römischen Recht ist, läßt sich nicht weiter halten. Die Luft muß im Hinblick auf ihre künftige Befahrung durch den Bund als Bundesmonopol erklärt werden, was keinen juristischen Schwierigkeiten begegnet, soweit wenigstens die mehr als 100 Meter über dem Boden liegenden Luftschichten in Betracht kommen — und nur um diese handelt es sich ja. Ein bezüglicher Gesetzesentwurf befindet sich bereits in Arbeit; wir haben diesen Auftrag Hrn. Dr. A. Brüstlein, Vorsteher des eidg. Konkursamtes, ertheilt, der durch die Raschheit der Erledigung solcher Aufgaben rühmlich bekannt ist.

„Mit dem Luftmonopol hängen noch verschiedene andere Fragen zusammen. Der Bund kommt in die Lage, ungeheure Summen von elektrischer Kraft zu verbrauchen, und es ist darum jedenfalls rathsam, die Wasserkräfte zu monopolisiren. Unsere Ansichten stimmen in dieser Richtung nunmehr vollständig mit denen des Vereins „Freiland" überein, dem wir für seine bezüglichen Bemühungen zu aufrichtigem Dank verpflichtet sind.

„Auch die Eigenthumsverhältnisse der Berggipfel und der Aussicht sind wohl ins Auge zu fassen. Die Berggipfel werden nun für verhältnißmäßig wenig Geld durch den Staatsbetrieb Jedermann zugänglich werden. Wäre es da nicht am natürlichsten, wenn sie als Monopol erklärt würden? Jedenfalls kann der Bund die bisher rücksichtslose Ausbeutung schöner Aussichten, die ja nicht Einzelnen gehören, sondern Gemeingut sind, nicht weiter dulden, sondern er hat Remedur zu schaffen. Obwohl wir noch nicht in der Lage uns befinden, diesfalls bestimmte Anträge zu stellen, werden wir doch der Angelegenheit unsere volle Aufmerksamkeit schenken und Hrn. Nationalrath Forrer mit einem bezüglichen Gutachten betrauen.

"Eine vollständige Verschiebung wird voraussichtlich auch in der Eisenbahnfrage eintreten, und wir sind nun doch froh, daß der Bund materiell in derselben in Folge der Volksabstimmung vom 6. Dezember 1891 noch nicht mehr engagirt ist. Der Eisenbahn wird später lediglich noch der Transport der Personen auf kurze Strecken und der Güter verbleiben, während unzweifelhaft der Reisendenverkehr für weitere Strecken dem neuen Verkehrsmittel anheimfällt. Denn wer wollte künftig die Eisenbahn für die Fahrt von Romanshorn nach Genf benutzen, wenn er die Strecke mit dem neuen Verkehrsmittel in ungefähr drei Stunden zurücklegen kann?!

"Es tritt sogar die Frage an uns heran, ob wir die s. 3. vom Staate Bern übernommenen Jura-Bern-Luzern-Bahn-Aktien demselben nicht zurückgeben sollen. Vorläufige bezügliche Besprechungen haben freilich leider gezeigt, daß wir bei der Rückgabe mindestens 200 Fr. per Aktie einbüßen müßten, was uns nicht gerechtfertigt erscheint u. s. w."

Abgewiesene Bundessubventionen.
(Korresp. aus der Bundesversammlung.)

(1894.)

Durch die Befürworter des Beutezuges wird im Volke der Glaube verbreitet, daß in der Eidgenossenschaft seit Jahren fast Jeder, der eine Bundessubvention verlangte, eine solche erhalten hatte — ja, man könnte bald meinen, es seien mitunter diejenigen am ehesten ans Ziel gelangt, welche mit eidgenössischem Gelde etwas recht Unnützes vollbringen wollten. Aeußerungen vieler Blätter, und zwar auch solcher, deren Interesse für das Wohlergehen des Bundes über jeden Zweifel erhaben ist, lassen erkennen, wie wenig man in weitern Kreisen die Konsequenz zu würdigen weiß, mit welcher der Bundesrat zudringlichen und unreifen Subventionsbegehren seit Jahren entgegengetreten ist. Wenn der Behörde in dieser Beziehung ein Vorwurf gebührt, so ist es höchstens der, daß sie dabei in der Form zu rücksichtsvoll verfuhr, indem sie solcher Postulate weder in den Bulletins über die Bundesratsverhandlungen noch in den Botschaften zum Budget Erwähnung that, sondern durch die Departemente, in deren Geschäftskreis die fraglichen Ansinnen fielen, konfidentiell abwickeln ließ.

Es steht jetzt außer Zweifel, daß z. B. der Beutezug zum Teil von Elementen unterstützt und geführt wird, welche subventionshungrig im Bundeshause sich umgethan haben, aber trotz allen Kratzfüßen nicht zum Ziel gelangt sind. Ein Beweis für diese Vermutung ist gerade letzter Tage geliefert worden.

Beim Departement des Innern langte nämlich vorige Woche ein anonymes Schreiben ein, in welchem mit sehr pathetischen Worten erklärt wird, daß die „Schalmei, welche man nicht zu Ehren der Werke des Bundes erklingen lassen wollte", nun zur „Schlachtdrommete werde, vor der die stolzen Mauern des Parlamentsgebäudes in den Staub sinken müssen".

Diese Drohung hat folgende Vorgeschichte:

In verschiedenen Städten der Schweiz bestehen Vereine, in denen sich junge Leute männlichen und weiblichen Geschlechtes zusammenfinden, um die lyrische Dichtkunst zu fördern und auszuüben, so z. B. in Zürich der „Lorbeer", in Bern die „Lyra", in St. Gallen der „Olymp", in Basel „Lesbos" u. s. w. Nachdem der Bundesbeschluß betreffend die Förderung und Hebung der schweizerischen Kunst vom 22. Dezember 1887 gefaßt war, gelangten einzelne dieser Vereine mit dem Gesuche an den Bundesrat, er möchte bei der Bundesversammlung eine ähnliche Unterstützung, wie sie den bildenden Künsten gewährt werde, für die Dichtkunst auswirken und zwar insbesondere für die lyrische. Als Betrag wurden 15,000 Fr. im Jahre genannt. Die Petenten führten aus, die Produktionsverhältnisse für die lyrische Dichtkunst seien in der Schweiz überaus traurige. Unser Land besitze keine belletristische Wochen- oder Monatsschrift und auch keinen Almanach mehr, wo ein nennenswerter Teil der in der Schweiz verfaßten lyrischen Gedichte Unterkunft finden könnte, und das Wenige, was etwa zur Publikation angenommen werde, gehe leer aus, d. h. werde nicht honoriert. Einem schweizerischen Verleger einen Band Gedichte gratis anzubieten, werde als Unbescheidenheit zurückgewiesen, sofern man nicht zugleich mit dem Manuskript den Betrag der Druckkosten einsende. Die lyrische Dichtkunst in der Schweiz sei also einer Industrie vergleichbar, welche für den größern Teil ihrer Fabrikate selbst dann nicht Absatz zu finden vermöge, wenn sie dieselben verschenke. Eine ähnliche Notlage könne auch nicht annähernd in einer andern Branche nachgewiesen werden; Aufgabe des Staates sei es aber, dort helfend einzugreifen, wo die Not am schwersten drohe.

Einen Teil der Bundessubvention gedachten die Petenten zu verwenden, um die „Schweizerische Rundschau" und die „Helvetia" zu veranlassen, die Hälfte ihres Raumes für lyrische Gedichte zur Verfügung zu halten. Der Rest sollte dazu dienen, die „Alpenrosen" wieder ins Leben zu rufen, jenes Taschenbuch, welches das Entzücken unserer Großväter und Großmütter war, in dem sich Salis, Usteri, Heß, Kuhn, die beiden Wyß und viele andere zusammenfanden u. s. w.

Hinsichtlich der praktischen Berechtigung einer Bundessubvention machten die Petenten darauf aufmerksam, daß mit der zunehmenden politischen Gleichgültigkeit des Volkes und der wachsenden Abneigung desselben gegen die Bundesverwaltung es wünschbar sei, für bedeutende Werke der Gesetzgebung das politische Gedicht in die Schranken zu senden und die verglimmende Freude des Schweizers wieder anzufachen. „Der Festungssoldat auf dem Bätzberg", „im Panzerturm zu Andermatt", „der Landsturm", „die Bundeskuppel", „der Rheindurchstich" u. s. w. seien, richtig aufgefaßt, durchaus poetische Sujets, durch deren richtige Behandlung die Festungsbauten, die Militärorganisation, das Parlamentsgebäude, die Bundessubventionen ꝛc. bald wieder populär würden.

Aber gerade das war ein Grund, welcher den Bundesrat zu einer durchaus ablehnenden Haltung bewog. Er ist und bleibt der Ansicht, daß unsere Poesie frei wie der Adler in den Lüften schweben und nicht um schnöden Mammon ihre Fittige ins Morgenrot tauchen soll. Dafür muß ihm jeder, der das Ideal hoch hält, dankbar sein: denn republikanische Hofpoeten wären nicht besser, als bezahlte Schmeichler der Monarchen und feiler Maitressenwirtschaft.

Diese durchaus richtige Haltung des Bundesrates soll nun die Bundespolitik entgelten, indem einzelne der Abgewiesenen den Beutezug verherrlichen, die Bundesverwaltung begeifern und das Parlamentsgebäude in den Kot ziehen wollen. Der Bundesrat ist aber nicht gewillt, es darauf ankommen zu lassen, welche Wirkung dieser politische Singsang auf das Volk ausübt, sondern er hat beschlossen, die Akten über alle von ihm abgewiesenen Subventionsbegehren drucken und an die Mitglieder der Bundesversammlung austeilen zu lassen. Es finden sich in dem dicken Aktenband, der heute zur Ausgabe gelangt, die Namen von Persönlichkeiten, welche man in solcher Gesellschaft nicht erwartet hätte, und Projekte, die geradezu erstaunlich sind. So wurden in den letzten drei Jahren Bundessubventionen gefordert: Von der antiquarischen Gesellschaft in Basel-Augst zur vollständigen Ausgrabung der Römerstadt Augusta Rauracorum; vom Jagdverein in Sierre zum Ankauf von Lämmergeiern behufs Wiederansiedelung dieses Vogels im Lötschenthal; von J. Petermann in Malters zur Ausführung seiner Erfindung eines lenkbaren Luftschiffes; von Jacques Hefti in Valparaiso zur Erwerbung der Insel Fernando Po für die Eidgenossenschaft; von der naturforschenden Gesellschaft des Kantons Uri zur Erprobung eines Verfahrens betreffend künstliche Herstellung der Bergkrystalle; von C. Häfeli, Sekundarlehrer in Lauterbrunnen, zur Errichtung eines Observatoriums auf dem Eiger; vom historischen Verein in Glarus zur Nachforschung nach den Geschützen und der Kriegskasse Suwarows im Klönthalersee u. s. w.

Der Bundesrat hat sich durch seine ablehnende Haltung gegenüber solchen Begehren viele Feinde gemacht. Ein Beweis dafür ist der Beutezug.

Eine amerikanische Aktien-Gründung.
(Original-Korrespondenz aus den Vereinigten Staaten.)

(1894.)

S. G. Der Stillstand, welcher seit Monaten in unserer Industrie herrscht, und das völlige Darniederliegen des Handels, der dem Kapital gegenwärtig keine lohnende Bethätigung mehr bietet, haben einige große New-Yorker Geschäftsleute auf den Gedanken geführt, daß zu gewissen Zeiten der Krieg mehr Profit — und davon hängt ja hierzulande alles ab — bringen könne, als der Friede. Sie rüsteten deshalb einige Kriegsschiffe aus, die s. J. von der Regierung von Haiti bestellt, aber nicht bezahlt worden waren und darum schon seit einem Jahre unthätig im Hafen von New-York lagen, bemannten dieselben und ließen sie unter brasilianischer Flagge gegen viel Geld und noch mehr Zahlungsversprechungen dem Präsidenten Peixoto zu Hülfe kommen. Der Erfolg war bekanntlich für die brasilianische Regierung ein guter und für die Unternehmer scheint er noch wesentlich besser ausgefallen zu sein. Wenigstens schicken sich dieselben an, den Versuch fortzusetzen und System in die Sache zu bringen.

Es ist nämlich gegenwärtig eine Aktiengesellschaft „American Navy and Army lettings Company" in der Bildung begriffen, welche nichts anderes plant, als Völkern, die miteinander raufen und sich nicht zu Boden bringen, Kriegsschiffe und Soldaten gegen Bezahlung zu leihen. Das Kapital der Gesellschaft soll vorläufig 150 Millionen Dollars betragen. Natürlich werden hiebei zunächst die Bedürfnisse der südamerikanischen Republiken ins Auge gefaßt, wo 5000 bis 10,000 Bewaffnete das Schicksal eines Landes zu entscheiden vermögen, namentlich wenn sie nicht beim ersten Kanonenschuß davonrennen, sondern ernstlich nachsehen, ob es nicht eher dem Gegner ums Ausreißen zu thun sei.

Der Prospekt, der ein Meisterstück rücksichtslosester Profitgaunerei und frömmelnden Augenverdrehens ist, sagt dies ziemlich unverblümt. Nach einigen allgemeinen Redensarten über die kulturzerstörenden Schrecken des Krieges führt er aus, daß insbesondere die südamerikanischen Republiken unter dieser Geißel zu leiden hätten und zwar gewöhnlich sehr lange, weil keine Partei die Mittel zu besitzen pflege, um das Feuer bei Zeiten zu löschen. Stelle jemand rechtzeitig einer Partei tüchtige Streitkräfte zur Verfügung, so würden unendliche Summen Volkswohlstandes vor der Vernichtung bewahrt, selbst wenn die Hülfe verhältnißmäßig sehr theuer bezahlt werden müsse. Die rechtzeitige Bezahlung dieser Summen könne man sich übrigens dadurch sichern, daß die Hülfstruppen nicht zurückgezogen würden, bis die Rechnung beglichen sei.

Ueber die Vorarbeiten für das Projekt und die weitere Ausführung desselben findet sich im Prospekte folgende Auskunft. Die chilenische Regierung hat auf die zur Zeit nur von einigen Indianern bewohnte Insel Hannover (dieselbe ist etwa 70 Kilometer lang und 40 Kilometer breit; sie liegt an der Westküste von Südamerika unterm 52. Grad südlicher Breite, soll einen brauchbaren Hafen und hinlänglich Trinkwasser besitzen, taugt aber zu Kulturzwecken nichts) gegen eine Entschädigung von 20,000 Doll. verzichtet; sie konnte dies um so eher, als sie über dieses wertlose Stück Land faktisch nie irgend eine Oberherrschaft ausgeübt hat, sondern die Insel lediglich auf dem Papier besaß.

Hier nun will sich die Navy and Army lettings Company niederlassen und zwar als eigenes Staatswesen. Das ist notwendig; denn selbstverständlich könnte kein Land einem derartigen Raubtier-Unternehmen Unterschlauf gewähren, ohne mit aller Welt in Händel zu geraten. Die Gründung dieses seltsamen Staates beginnt mit der Errichtung von Kasernen — natürlich durch Chinesen — für etwa 12,000 Mann und der Ausführung der erforderlichen Hafenbauten für 6--8 mittlere Panzerschiffe, eine Anzahl Transportschiffe, Torpedoboote u. s. w.

Alsdann sollen 7 Regimenter Infanterie zu je 1500 Mann, 6 Batterien leichte Artillerie, je eine Kompagnie Pontonniers, Sappeurs u. dgl. gebildet und die Schiffe mit Seeleuten bemannt werden. Als Landsoldaten werden ausschließlich Deutsche, Österreicher und Schweizer angeworben und zwar nur gediente Leute; es sind dies, wie der Prospekt sagt, die bestdisziplinierteften, zuverläffigften und billigften Soldaten der Welt. Auf den Schiffen dagegen dürfte fich ein Janhagel aus aller Welt zusammenfinden und mit der neunschwänzigen Katze gehätschelt werden.

Sind die verlornen Söhne und Abenteurer zusammengelockt, angeworben, ausgerüftet, eingeteilt und etwas einexerziert, so kann die Arbeit losgehen — wenn die Navy and Army lettings Company eine Beftellung hat.

Hier herrscht übrigens der Eindruck, daß ihr Arbeit bereits zugesichert sei und zwar von den jetzigen Machthabern in Chile. Zunächst erweckt die Abtretung der Insel Hannover die Vermutung, als ob der chilenischen Regierung der neue Nachbar zur rechten Zeit komme; denn obwohl der materielle Wert von Hannover für Chile sehr gering ist, so entspricht es doch sonst nicht mehr den Gepflogenheiten unserer Zeit, dergleichen Besitz wie Hammelfleisch oder Ordenssterne zu verschachern. Sodann weiß man, daß die Beziehungen zwischen Chile und Argentinien — namentlich weil die Gold- und Silberbergwerke von Pichachen, Villarica, Callqui und Ligua von der Vorsehung auf die Oftseite der Cordilleren ftationiert worden sind — schon längst gespannt waren und der Friede in die Brüche gehen wird, sobald der eine Staat fich stark genug fühlt, dem andern den Stoß ins Herz zu verfetzen.

Aber selbst wenn dem nicht so sein sollte und die Dienste der Gesellschaft noch zu haben wären, so dürfte es ihr binnen kurzem an Arbeit nicht mehr mangeln. Denn sie wird unter irgendwelchen Deckmänteln in allen südamerikanischen Staaten Agenten halten, welche zetteln, schüren, reizen, Hoffnungen erwecken, Versprechen geben und Aufträge einliefern, sobald die Menschenschlächter von Hannover nichts mehr zu thun haben. Daß die Generaldirektion der Navy and Army lettings Company ihre Leute nicht auf der faulen Haut herumliegen läßt, sondern deren Gesundheit und Blut vergeudet, sobald dies den Aktionären nützt, ist ganz gewiß.

Aber freilich: Vielleicht ist es auf noch mehr als eine Aktiendividende abgesehen. Es war der Regierung der Vereinigten Staaten jedenfalls nicht unangenehm, als die Gründer der Navy and Army lettings Company den Versuch wagten, Peixoto zu Hülfe zu kommen, und daß sie die Gründung des neuen Unternehmens so wenig beanstanden wird, als ob eine neue Schweineschlachtungs=Aktien=Gesellschaft in Chicago entstände, ist außer Zweifel. Warum sollte sie anders handeln? Besorgt doch vielleicht einmal die Gesellschaft die Geschäfte der United States in Südamerika.

Aus den 12,000 Mann, welche jetzt angeworben werden sollen, können ja natürlich in einem Feldzuge 15,000 und 20,000 Mann werden. Steht die Gesellschaft mit einer solchen Macht erst einmal in Peru, Bolivia oder Ecuador, so wird niemand sie mehr hindern, die Regierung an sich zu reißen und in dieser Stellung um die Aufnahme des betreffenden Landes in den nordamerikanischen Staatenbund zu bitten. Und hat Bruder Jonathan einen der zwei Staaten Südamerikas im Sack, so wird er sich weiter fressen, wie weiland die Markgrafschaft Brandenburg: mit gutem Appetit und wenig Gewissen.

„United States of America from the Cape Horn tho the Northern Pool" war James Blaines Devise. Blaine ist todt, aber sein Wort lebt.

Das Monopol der Presse.
Ein Frühlingstraum.

I.

X. Neulich fand ich Abends den letzten Jahresbericht des Schweizerischen Grütlivereins zu Hause vor und begann darin, da bei föhniger Jahreszeit der Schlaf nur langsam über mich kommt, zu lesen — im Bette, bei einer Kerze Schein.

Das Heft ist keine aufregende Lektüre. Die Leiter des Vereins, dessen Elemente ja überdies nicht alle durch die sozialdemokratische Normalschablone gepreßt sind, besitzen in manchen Fragen den Sinn für das vorläufig Mögliche und das lebhafte Bestreben, an der Lösung der socialen Aufgaben emsig mitzuwirken, wie sie — mehr oder weniger deutlich umrissen — auf den Programmen fast aller Parteien stehen. In folge dessen findet aber auch der aufmerksame Leser im Jahresbericht sehr wenig, was für ihn eigentlich „neu" wäre.

Aber siehe da: als die Lektüre schon ihre Wirkung zu thun begann, glitten die ermüdeten Augen doch über etwas „Neues"; denn dort, wo sich die Seite 29 an Seite 28 reiht, steht zu lesen:

„Von großer Bedeutung für die Politik unseres Landes wäre eine demokratische Ausgestaltung des

Rechtes der Presse und möchten wir die Aufmerk=
samkeit der Grütlivereine auf diese Aufgabe lenken.
An Stelle der Zensur durch beeidigte Beamte ist seit
1848 allmälig das Monopol und damit die Zensur
des Kapitals getreten, welches die Presse in seiner
Gewalt und seinem Besitze hat. Dieselbe muß aus
seiner Gewalt befreit und in die Hand des gesamm=
ten Volkes gegeben werden. Das kann geschehen
durch gesetzliche Feststellung des Aufnahmezwanges.
Der Inhaber eines Blattes ist gewissermaßen der
Diskussionspräsident einer großen Versammlung,
welche aus den Lesern des Blattes besteht und zu
der Jedermann Zutritt hat. Wie in einer öffent=
lichen Versammlung Jedem das Wort gegeben wer=
den muß, der verständig zur Sache spricht, so soll
es auch in der Tagespresse sein. Es ist das kein
Eingriff in's Privateigenthum; die Presse ist das
Mittel, durch welches die Politik, die öffentliche
Meinung gemacht wird; das Inseratenblatt, das die
meisten Abonnenten hat, kann darum auch die öffent=
liche Meinung am besten beeinflussen; es übt diesen
Einfluß heute lediglich im Sinne der Interessen und
Anschauungen des Eigenthümers. Nun kann aber
nicht jeder Bürger seine eigene Zeitung herausgeben;
sollen daher nicht Einzelne das Monopol behalten,
die öffentliche Meinung zu beherrschen, so müssen
die Blätter allen Anschauungen offen stehen. Wer
eine Zeitung herausgeben will in der Republik,
darf sich dieser Vorschrift, welche lediglich das gleiche
Recht aller Bürger, zum Publikum zu sprechen,

wahrt, wohl unterziehen, denn er hat als Käufer einer Druckerei keineswegs auch das Recht erworben, die Politik allein zu machen . . . . . Der Aufnahmezwang fügt dem Recht der freien Presse das weitere Recht des freien Wortes in der Presse bei."

*   *   *

Ach, dachte ich mir, das ist nun das Monopol der Presse, von dem die „Zürcher Post" wiederholt geheimnißvoll geredet hat.

Wäre es nicht besser, fragte ich mich halbträumend, den liberalen und konservativen Blättern einfach die Abonnenten nach dem Proportionalsystem zuzumessen — etwa derart, daß die täglich erscheinenden konservativen Zeitungen nicht mehr als 2000, die liberalen höchstens 2500, die gemäßigt demokratischen 5000 und die „Volksblätter" 20,000 Abonnenten annehmen dürfen? Das wäre eine wohl berechnete staatliche Vertheilung des geistigen Futters, die dadurch unterstützt werden könnte, daß man für die Volksblätter das Porto aufhöbe und für die übrigen Zeitungen die Portoprogression einführen würde — etwa für halbächt demokratische 1 Rappen, für liberale 3 Rappen, für konservative 5 Rappen auf die Nummer?

Und damit das „Kapital" nicht dennoch Wege und Schliche fände, sich der Presse zu bemächtigen, ließe sich ja die Herausgabe jeder Zeitung von einer staatlichen Bewilligung abhängig machen, die alle

drei Jahre der Erneuerung bedürfte. Mit den Wirt=
schaftspatenten verhält es sich schon ähnlich — ist
denn ein Zeitungsschreiber im demokratischen Staat
bessern Rechtes als ein Bierwirth — — betreibt er
nicht noch ein viel „öffentlicheres" Geschäft als
dieser — — — ? ? ?

Diese Versuche, mich zwischen Schlaf und Wachen
in der jungdemokratischen Logik zu üben, däuchten
mich aber plötzlich eine arglistige Abirrung. Noch=
mals öffneten sich die Augen und blickten guten
Willens über die Auseinandersetzungen des Grüt=
lianerberichtes; sie blieben an dem schönen Satze
hängen: „Der Aufnahmezwang fügt dem Rechte der
freien Presse das weitere Recht des freien Wortes
bei," und der ernsthafte Vorsatz, mir das vom Grütli=
verein skizzirte Zukunftsbild genau zu vergegen=
wärtigen, wich nicht mehr von mir; er geleitete die
Gedanken vom Wachen in den Traum hinüber.

* * *

Ich sah mich auf meinem täglichen Morgenwege
zur Redaktion — in Uniform und mit einer hohen
Mütze angethan, welche die Aufschrift „Öffentliche
Presse" trug.

Seit Conzett die Direktion der öffentlichen Meinung,
das neueste und wichtigste Departement der zürche=
rischen Regierung, übernommen hatte, mußten näm=
lich die Zeitungsschreiber in Uniform gehen. So
konnte sie Jeglicher auf der Straße anhalten, über

Neuigkeiten befragen, ihnen Lokalnachrichten mittheilen und Wohlgefallen oder Mißfallen über die Verwaltung der öffentlichen Meinung zu erkennen geben.

Auf dem Lande war die Neuerung etwas aufgefallen und immer noch nicht ganz eingebürgert. Scheuchzer erzählte in seinem Blatte einmal, alte Bauern hätten sogar seine Aufschrift wiederholt dahin gedeutet, daß er zum Trottmeister, d. h. zum Verwalter der vor etlicher Zeit von Staatswegen in Dielsdorf aufgestellten amerikanischen Dampfweinpresse ernannt worden sei.

Hier in der Stadt dagegen hatte man sich schnell an die Uniformirung der Dienstmänner der öffentlichen Meinung gewöhnt, und unbelästigt ging ich meines Weges. Einzig ein Metzger am Neumarkt befragte mich über die gestrigen Pariser Filetpreise, und da ich ihm sagen konnte, daß der Artikel dortselbst viel Animo zeige und Schlachtochsen in gehobener Stimmung seien, stellte er sich ziemlich befriedigt.

An der Hausthüre des Redaktionsgebäudes war der Ausläufer der Direktion der öffentlichen Meinung eben damit beschäftigt, ein sehr fett gedrucktes Plakat des Regierungsrathes Conzett anzukleistern. Dasselbe wies die Zeitungen an, ihr Feuilleton auf den achten Theil des für den gesammten Text zur Verfügung stehenden Raumes zu beschränken und nicht durch ungebührliche Ausdehnung der Abtheilung unter dem Strich den Bürgern, denen „kräftige Geistesnahrung und Bildungsstoff, und nicht fade Unterhaltung" zieme, das Recht des freien Wortes zu beeinträchtigen.

Ich seufzte.

Bei der „Neuen Zürcher Zeitung" ging nämlich seit Monaten der Feuilletonstrich in der Mitte jeder Seite durch — denn das Feuilleton war dem Aufnahmezwang noch nicht unterstellt, sondern es verfügte darüber die Redaktion nach freiem Ermessen wie in der alten Monopolzeit.

Freilich hatten die Romanschriftsteller Dietrich Tinter von Fällanden und Hans Tölger von Trüllikon auf Anstiften der unter dem Pseudonym Aglaja Schluchtenwald dichtenden Susanna Binggeli bereits eine Volksinitiative in Gang gesetzt, um selbst das Feuilleton dem Aufnahmezwang zu unterwerfen. Sie betonten ganz richtig, daß es anders für sie nicht möglich sei, mit ihren Romanen vor das Volk der Heimat zu treten und sich als Vaterlandsfreunde zu bethätigen.

Von dieser Aglaja Schluchtenwald fand ich denn auch wieder etliche Gedichte — „Herbstblüthen" — auf meinem Pulte liegen. Die Verfasserin, die sich als Primarlehrerin in Töß bethätigt und überdies als Privatdozentin der öffentlichen Beredsamkeit das Technikum zu Winterthur ziert, theilte mit, daß sie uns nach Annahme der Volksinitiative „betreffend Aufnahmezwang im Feuilleton" zum Abdrucke eines aus 8215 fünf- bis siebenfüßigen Jamben bestehenden politischen Gedichtes über den „Untergang der

Monarchie" anhalten werde, wofern man jetzt nicht dreien ihrer bescheidenen Ergüsse ein Plätzchen einräume. Schmücke man aber mit etlichen „Herbstblüthen" die Spitze des Feuilletons, so werde sie auf Ehren= und Poetenwort später an der Hand des Gesetzes den „Landboten" zur Veröffentlichung des „Untergangs der Monarchie" zwingen.

Sofort wählte ich die drei kürzesten Stücke aus. Es war ein lediglich aus Adjektiven und Hauptwörtern bestehendes sentimentales Gedudel, in dem sich kein ganzer Satz zusammenfischen ließ — z. B.:

    Herbstesstaub,
    Falbes Laub,
    Abendschimmer,
    Letzter Glimmer.

Sie nannte das moderne Stimmungsmalerei. Ich versicherte die Dame meiner Hochachtung, wünschte, sie möchte die übrigen duftenden Herbstblüthen Hrn. Widmann zu Handen des „Bund" übermitteln, und bedrohte sie mit einem schrecklichen Prozeß für den Fall, daß sie hernach dem „Landboten" den „Untergang der Monarchie" nicht aufzwinge.

Inhalt:

	Seite
Vorwort.	
Briefe des Sebastian Gäuggeli	1
Aprilscherze:	
Von der Jungfrau	39
Ein neues Naturheilverfahren	49
Aus dem Geschäftsbericht des eidg. Verkehrsdepartements	56
Abgewiesene Bundessubventionen	64
Eine amerikanische Aktiengründung	69
Das Monopol der Presse. (Ein Frühlingstraum)	75